日本一本を売った
男の仕事の流儀

営業は「幸せの種まき」

人材教育研究家
林 薫

はじめに……営業の苦しさが楽しみに

「営業を好きになる人なんて、本当はいないのではないか」

そう思えるほど、営業の道とは厳しいものです。

1軒1軒お客様を訪ねて、歩いても歩いても、1つも契約をいただけないこともあります。顔はだんだん青ざめてゆき、次第に能面のようになっていく……。私にもそのような経験がありました。

それでもプロ営業マン3000人を擁《よう》する「ほるぷ図書月販」で、トップ営業マンの称号である「ダイヤモンド会員」の座にたどり着くことができました。

ダイヤモンドがあしらわれた小さなバッジではありますが、自らの人生を振り返ったとき「30余年の歳月を営業マンとして歩んできて本当に良かった」と心から思わせてくれる、私にとっての一番の宝物です。

思えば幼子4人を連れ、着の身着のまま妻と共に故郷の名古屋をあとにして、縁《えん》もゆかりもない京都に来たのが私の営業マン人生の始まりでした。

偶然手にした新聞の求人広告をきっかけに、営業の畑に足を踏み入れたのですが、そこは京都、日本で一番商売の難しいとされる土地。

「また今度にしておくれやす」と言われれば、私は買わないしもう来なくていい、という意味です。

そんな、お断わりがとめどなく続く中で積み重ねた京都での経験が、私に「営業の極意《ごくい》」を授けてくれました。

翻《ひるがえ》って数えれば、私がこれまでお会いしてきたお客様の数は延べ３００万人にもなるでしょうか。私に営業の極意を諭《さと》してくださったのは、まぎれもなくこれらすべてのお客様たちです。

ご縁の深かったお客様も、そうでないお客様も、「いりません」のひと言しか交わしてくださらなかった方さえも、すべての方との出会いが私の糧《かて》でありました。

そんな私のつたない経験ではありますが、求めてくださる方がおりまして、講演に招かれることがあります。

そこでは必ずと言っていいほど「林さん、営業マンとしてのあなたのテクニックを、ぜひとも聞かせてほしい」と依頼を受けます。しかし私は、

「営業の極意は、テクニックではありません」

と、はっきりと申し上げています。

お客様は十人十色、百人百色、千人いたら千の色を持っています。

そうした1人ひとりが違う色を持つ方々に、テクニックはこうだ、という決まり一手で通用するはずがありません。

テクニックはいりませんが、代わりにすべてのお客様に通じる、大切な心配りがあります。

それは「目の前のこの方に、いかに幸せになってもらえるか」という思いです。

「いかに喜んでもらえるか」「いかに感謝の気持ちを伝えるか」

日々そうした思いを胸の中に熱く持ち続け、1人ひとりと接する時間を大切にする。

これが私が30年あまりの間で築き、大切にしてきた営業マンとしての心です。

そんな毎日の中で自然と胸の中に湧《わ》いてきたのが、

「営業マンは幸せを運ぶ配達人」

という言葉です。これはいつしか私の信条となりました。

山あり谷ありの営業で、成績が伸びず苦しい日々も無数にありましたが、そんなときこそこの言葉を胸に携えて、笑顔を絶やさずふんばってきました。

私は「がんばらなくてもいい」という言葉は好きではありません。

もちろん病に伏している人がいたら、そのような言葉を私もかけます。

しかし同士である営業マンのみなさんに向かっては「がんばれ！　がんばれ！」とぜひとも言いたいのです。

たしかに苦しい営業の道のただ中で打ちひしがれている方にとっては、きつい言葉かもしれません。

ですが、苦しい道のりを乗り越える極意は、実は存在します。

発想の転換から、その苦しさを、楽しくクリアできる「コツ」があるのです。

または営業の「成功の法則」と言ってもいいかもしれません。

みなさんの、日々の生活の中での「心持ち」をほんの少し変えるだけで、営業は楽しい仕事になっていくのです。

仕事の花、営業。大きくいえば世界経済を強力に推し進めるのが営業です。

営業こそが社会を動かす、最高のお役目だと考えています。

私はみなさんに、これからお伝えする成功の法則やちょっとしたコツをもとに、営業の苦しい日々を、明るくて楽しい、やる気に満ちた日々に変えていただきたいと思います。

そしてこの本を手に取ってくださったみなさまが、「幸せの配達人」になっていただけたなら、これ以上の喜びはありません。

営業は「幸せの種まき」　◇目次

第1話 感謝こそ最大の営業力

第2話

「苦」を「楽」に変える発想の転換

第3話 営業マンが「やってはいけない」こと

第4話 信念が奇跡を生む

第5話 成功に導く営業の16か条

第1話　感謝こそ最大の営業力

「営業テクニック」という言葉は存在しない

これまでの私の経験からはっきりと申し上げますが、営業にはテクニックというものは必要ありません。

それでは営業マンに必要なものとはなんでしょう。

それは、1つ目は「笑顔」、2つ目は「心の底からの挨拶」、3つ目は「相手の立場に立ったまごころ」です。この3つさえあれば、誰もが営業職の勝者になりうるのです。

ここに2人の営業マンがいるとします。

1人は流れるようなトークとお客様との会話のテクニックを持ち得た営業マン、もう1人は口べたながらも誠実に説明をする営業マンです。

2人が勧《すす》めるのは、まったく同じ商品。2人とも足繁《しげ》くお客様のもとへ通いますが、最終的にお客様が契約するのはどちらか一方です。

あなたがお客様の立場に立って想像してみてください。前者の流ちょうな話術を評価しますか。または後者の実直な人間性を評価するでしょうか。

実際、お客様の立場に立ったあなたは、そんなことよりもきっと「訪ねてきたときや帰り際の挨拶の仕方」「その表情、笑顔のすがすがしさ」「ありがとうございましたという言葉の響き」「自分を慮《おもんぱか》ってくれる心配り」、そうしたところで、その営業マンという1人の人物を見ているはずです。

どんなに流ちょうに商品の説明ができようが、または実直まじめな性格で商品を強く勧めようが、挨拶が形だけの言葉に聞こえたり、表情に悲壮感や焦《あせ》りが漂《ただよ》っていたり、心からの感謝の気持ちが伝わってこなかったり、こちら側への配慮のない人に対しては、気持ちのいい感じを持たないものです。

あなたが営業マンならばなおのこと、今挙げたようなところは、すぐに見抜いてしまうでしょう。

2人を比べてみたとき、自然なほほえみをたたえ、商品に対する人一倍の情熱を持ち、感謝の気持ちが心底からあふれ、心のこもった「ありがとうございます」という言葉を伝えてくれる、そんな人間としての芯《しん》の部分がしっかりとある人を、あなたは選ぶのではないでしょうか。

こうした1つひとつの要素を一言で表わすと「人間力」と言います。

人間力を高めることこそが、営業力を高めることにつながっていくのです。

そこには、「商品力」「価格力」「ブランド力」などを超えた、大きな力が存在するのです。

人間力を高める、と聞くと「そんなことなどとっくにわかっているよ」「そんなに簡単に人間力が高まるわけがないから苦労しているんじゃないか」などとおっしゃる方もいるかもしれません。

もちろん一足飛びに、ひと晩でものすごく高まるというものではないでしょう。しかし、毎日のほんの小さな心がけで、人間力は少しずつ身についてゆくものです。

あきらめることはありません。

あなたがもし自信を失っていたり、営業という仕事から逃げたいと思っていたり、どうしても使命感や自尊心を持つことができなくなっていたとしても、投げ出しさえしなければ、人間力を高めていける方法はあります。

それは私が、営業畑に足を踏み入れて、1歩1歩を積み重ねてきた中で気づいたことです。

実際そのときはそう気づかずに、ただただ真剣に取り組んでいただけでした。ですがあとから振り返ったとき「なるほど、そういうことだったのか」と思うことがたくさんありました。

歯を食いしばって、雨の日も雪の日も、営業の道をひたすら歩いてきた私自身の体験と、私の周りの営業マンの実例を、これからご紹介いたします。

お読みいただく前にまずは、あなたの頭の中にある「営業テクニック」という言葉を、いったん忘れてください。なぜなら営業マンの道に、テクニックという王道は存在しないからです。

百万回もの「お断わり」

数ある営業形態の中で何が一番厳しいかと言えば、やはり新規開拓の飛び込み営業ではないでしょうか。

私は「ほるぷ」という大手出版社の販売会社で、本を売る営業マンとして働いてきました。

全国に3000人を超す営業マンを有する大会社で、そのすべてが一流のスペシャリスト、みんな学校や役所、研究機関などに固定のお客様を持っています。

ときに何万円、何十万円もする全集などの大口の契約を取りながら、競って月々の成績を上げていました。それはそれは毎日グラフをにらみつけながらの、想像を超える熾烈《しれつ》な争いです。

私は32歳のとき、この会社に中途で採用してもらいました。

あとに述べますが、やんごとなき事情があってすぐに現金収入がほしかったので、私は新人が必ず受ける研修期間を持たずに、入社した次の日から営業を始めたいと考えました。

そこで当時採用してくれた支社長に、勇《いさ》んで「明日から営業に出ます」と言いました。

断言したまではいいのですが、どうすれば本を買ってくれる人に出会えるのか、その手法がわかりません。周りはみんなライバルですから「ここへ行くといいよ」とか「こんな方法があるよ」などと教えてなどくれません。

ひと晩考えあぐねて私は、まずエリアを決めて、一般のご家庭を回ることにしました。

これが私の、人生で一番つらくて苦しい日々の始まりでした。

ここは京都。土地の言葉ではない私の訪問は、どのお宅へ行っても歓迎されませんでした。

「あんたどこの人、帰っとくれ」「本なんかいらん」と、のべつまくなしにお断わりの連続です。

「また今度にしておくれやす」と言われてその言葉を鵜呑《うの》みにし、次の日に再度訪ねると「もう来なくていい言うたのに」と顔をしかめられたこともありました。

京都の言い方では「もう来ないでください」という意味だとは知らなかったのです。

京都での商売の難しさを、改めて思い知らされました。

そんなさい先の悪いスタートを切る中で私は、売上の上がらない焦《あせ》る気持ちと戦いながら、ある1つの決めごとを自分に課しました。

それは一般家庭だけにとどまらず、「京都市内の建物を、1軒も飛ばさずにすべて回る」ということでした。

京都は、詳しい方はよくご存じですが、1つの通りに軒を並べて住宅もあれば、商店もあれば、工場もあれば、卸屋さんもある、というのが町の特徴です。

私はこれを1つも飛ばさずに、すべて訪問することにしたのです。

住宅、八百屋、コンビニ、交番、立て替え中の家まで、とにかく1つも飛ばさずに、毎日毎日「こんにちは、本屋です」と言って回りました。

営業の仕事で断わられることが続くと、だんだん気持ちがふさがり、足取りが重くなります。

そうするうちに顔から表情が失われて、次の人を訪ねるのが心底嫌《いや》になり、呼《よ》び鈴《りん》を押すのが恐怖になります。

そのように、お断わりの連続は本当につらくて苦しいものです。

ですが、とにかく1つも逃《のが》さずに回ると決めてしまったわけです。私はそれを腹をくくって実行しました。

そうするうちに、断わられても断わられても、隣のお宅の呼び鈴を鳴らすのが当たり前、というようになっていきました。

慣《な》れてくると、少し心も軽くなったような感じがしてきます。

そのおかげでしょうか、気持ちを楽に持てるようになると同時に、だんだんと本が売れ始めました。

1つも飛ばさない、と決めたのが功《こう》を奏《そう》して、思いがけずコンビニの店長さんが買ってくれたり、おまわりさんが買ってくれたりすることもありました。

なかには建築中の家で壁《かべ》を塗《ぬ》っていた職人さんが、「実は本、好きなんだよ」と買ってくれたこともありました。

ご家庭の方しか買ってくれないのではないか、というのはたんなる自分の思い込みにすぎなかったのです。

それ以来、ここの人が本なんか読むだろうか、とか、買ってくれないかもしれない、などと自分で決めつけてかかることを意識してやめました。

たとえ小さな本1冊でも、売れたときは嬉《うれ》しくて嬉しくて、思わず笑《え》みがこぼれます。

「ありがとうございます。ありがとうございます」

何度もお礼を言ってその場をあとにします。

お断わりの連続の中でも、１冊でも売れると気持ちが１８０度変わります。また晴れやかな気持ちになって次のお宅に伺えるのでした。

そして再びお断わりの連続、しばらく続くうちに新たに売れて喜びの頂点。これを繰り返しながらも私は、少しずつ売上を伸ばしていくことができました。

こうして私は、お断わりの連続の中で、営業という仕事の「誰もがぶつかる壁を越える術《すべ》」を自分なりに考えられるようになりました。

ちなみに私は、始めの数年間で京都の町をくまなく歩きましたが、断わられた数は単純計算しても百万軒を優《ゆう》に超しています。その数は、日本中のどの営業マンにも負けないと自負しています。

「林さん、断わられた数など自慢《じまん》になりませんよ」とある人から言われましたが、私はそれを誇《ほこ》りにさえ思っています。

なぜなら断わられた数が多いということは、それだけたくさんの出会いがあったからです。

これは、ホームランバッターに三振が多いのと同じことです。

空振りもたくさんありましたがその分、満塁ホームランのようなご契約もいただきました。

いろいろなお客様にお会いする中で、感動し、ほめられ、叱《しか》られ、ときに屈辱《くつじょく》も味わい、もがき、考え、気づき、学び、そして自分の人生そのものが深まりました。

数えきれないほどのつらいお断わりが、つらさをどう乗り越えたらいいのかを教えてくれたのです。

これに勝る自分の財産はないと思っています。

「お断わり」が教えてくれたこと

お断わりの連続の中で、まず初めに気がついたのは、お客様にお会いしたとき「最初の1分で勝負が決まる」ということでした。

営業は、お客様の心に「受け入れの気持ち」ができると、話が進み契約に結びつきます。

その受け入れてくれそうかどうかが、「始めの1分」で決まるのです。

お客様は、営業マンを見て瞬時でどんな人かを感じ取り、「この人を自分の領域に受け入れよう」あるいは「拒否しよう」と自然に判断しています。それが始めの1分の間で行なわれているのです。

受け入れようという判断が働けば「話を聞いてみようか」という気持ちになりますし、拒否しようとなれば「いりませんのでお帰りください」という言葉が出ます。

ならばその、受け入れのシグナルを始めの1分でもらうために、私たちはどうしたらいいかということになります。

そこで最も基本的なことで大切になってくるのが、「清潔感」と「笑顔」です。

この2つは、自分で自分を変えることができる、最も簡単な方法です。

まずは清潔感。これは服装や髪型の印象で決まりますが、誰もが容易に取り組みやすいことですね。

気をつけるべきは、営業のときだけいい服を着て髪型を整えるのではなく、「ふだんから清潔な印象を与える人になろう」とすることです。

プライベートで「あの人だらしないな」と思われる人は、営業に出たときにいくら新品のスーツを着ていても、なぜか垢抜《あか》けないものです。

服の高い安いではありませんし、何も休みの日にも肩に力を入れよということでもありません。いつでも清潔な印象を持った人でいられるように心がけてください。

もう1つの笑顔ですが、私は出かける前に必ず、鏡の前で自分の笑顔を確かめています。

やってみるとわかりますが、作り笑顔は自分で見てもぎょっとするほど嫌な印象です。ましてや初対面の人が見たら、心地の良いものではないに決まっています。

自然な笑顔にどうしたらなれるか、ぜひご自身で研究してみてください。

おそらくこの本をお読みくださっている方々は、読み終わるころには「自然な笑顔とはどうすれば生まれるか」がおわかりいただけると思います。

どうぞ鏡で自分の笑顔を確かめることを習慣にしてみてください。

この2つは、磨《みが》けば磨くほど、例外なく誰でも輝かせることができます。

そしてまた、「断わられることは恥《は》ずかしい」という気持ちも今すぐ捨ててください。むしろ大いに断わられてください。

「断わられる数が多ければ多いほど成果につながり、のちに大成できる」と申し上げたいと思います。

これは、そうして実績を積み上げ、トップの席を手にした私が、自分の実体験として声を大にしてお伝えします。

私はお断わりの連続の中で、これまで様々な発見をしてきました。自分自身の行き届いていない部分を見いだし、改善する機会を与えてくれたのが「お断わり」だったのです。

お断わりの連続はあなたに対する教訓です。

お断わりが続いたら、「清潔感」と「笑顔」は大丈夫かな、と自分に問いかけて確認してみてください。

笑顔に秘められた不思議な力

私がよく使う駅のそばに、おいしいパン屋さんがあります。もう1つ、その駅から遠く人の多い住宅地から離れたところにも、おいしいパン屋さんがあります。どちらも前を通ったときなどに買って帰ることがありますが、味も値段もほとんど変わりありません。両方共とてもおいしい焼きたてのパンを置いています。

しかし不思議なことに、駅に近い便利なパン屋さんよりも、不便といえる場所にあるパン屋さんのほうに、いつもお客様が大勢入っているのです。

なぜだろうと思い、あるお客様に「どうしてこのお店に買いに来るのですか？」と尋ねてみました。

すると「この店が好きなんです」と返ってきました。ほかにも何人か尋ねてみましたが、「この店が好きなんです」と答えは同じです。

どこが好きなのかとお尋ねしましたら、「店の奥さんが好きなんです」「店員さんの感じが良くて」との答えです。

集客に必要なのはたしかに商品であることは間違いありませんが、人であることがはっきりしました。

私はここでのヒアリングから、「お客様は物とあわせて人を買っている」と知ったのです。

そこで興味が増した私は、この店をたびたび訪れてみたり、常連の友人に聞いたりして、どこが良いのか、さらに検証してみました。

その結果が次のとおりです。営業マンに反映した私の考えもあわせて添えてみます。

一、奥さんと店員さんの笑顔がとてもいい＝笑顔はお客様に、安心と温かい喜びを与えます。
一、挨拶がいい＝優《やさ》しい笑顔での挨拶が、店の印象をつくりあげています。
一、商品が良質でおいしい＝品質の良さはお客様を惹《ひ》き付けます。
一、美しく掃除《そうじ》が行き届いている＝店内も外回りも掃除が行き届いていることから、店の人の心遣《づか》いや、人の良さが伝わってきます。心地良さもお客様を惹き付けます。
一、お客様のお尋ねに、率先《そっせん》して明るく丁寧《ていねい》にお応《こた》えしている＝忙しいときこそ本当の自分が表に出てしまうものですが、どんな場合でもすぐに応対しています。相手の立場に立って、笑顔で応えることができるかが勝負です。
一、たとえ1個しか買わないお客様も大切にしている＝商売人として大切な心がけです。この心がけが、大きな成果につながります。
一、電話の応対が、明るく丁寧でとてもいい＝電話は言葉だけだからこそ、印象が強く残ります。「はい、○○商店です」と「いつもありがとうございます。○○商店でございます」ではまるで違います。
一、お客様にコミュニケーションレターを出す＝このお店から、新作パンを案内する手作りのはがきが届きました。店の方々の笑顔が頭に浮かび、温かい気持ちになりました。私もお得意様には手書きの文を添えたはがきを年に数回お出ししています。はがきも心を伝える、大切なツールです。
一、子連れのお客様に飴《あめ》を渡して、親御《おやご》さんには「かわいいお子さんですね」と声をかけている＝店員さんの優しさが伝わってきて、このお店のファンになります。
一、感謝の気持ちが伝わってくる＝心に感謝の気持ちがあると、目に、顔に、言葉に、そして姿にその気持ちが表われます。
一、お客様の名前や顔、買ってくださった商品を覚えている＝店の人に覚えてもらえていると、お客様は嬉しいものです。またお客様との会話を重ねることで、固定客になっていかれます。

一、お客様が混雑しているときにも、上手に声がけができている＝店が混雑して順番に並ぶ列が乱れ始めると、お客様は自分の番が正しく回ってくるか神経質になります。そうしたときにも、店員がすべてのお客様に気を配って、うしろの方にも声をかけながら手際良く会計を済ませることは、とても大切なことです。ここが行き届いていると、お客様は絶対に離れません。

以上、気づいた事柄を挙げてみました。

これらすべてに通じている、一番大きな印象が、店の奥さんの笑顔です。

優しい温かい人柄が伝わってくる、やわらかな笑顔が、どんな場面でもお客様をどこまでも包み込んでいます。

「このお店が好きなんです」

そう言われたお客様たちはきっと、この奥さんの笑顔が好きなのだと思います。

何を隠そう私自身も、この奥さんの笑顔の魅力に心惹《ひ》かれました。

どんなときも笑顔で対応し、どんなことも笑顔で解決する。

素敵な笑顔とは、人を惹き付ける引力を持つものなのです。

ずぶの素人《しろうと》でもベテランに勝てる

営業はテクニックではない一例を紹介します。

ある30代前半の青年が、引っ越し会社の営業マンとして入社しました。

1週間の研修を受け、先輩営業マンと共に現場へ出て2、3日見習いをしたあと、1人で営業に出たばかりのころのお話です。

国際結婚される娘さんを持つご夫婦のお宅に訪問することになりました。

大きなお屋敷《やしき》で、伺うと敷石《しきいし》に水が打たれ、家の中に香《こう》を焚《た》いて迎えるという、礼儀を重んじる名門のお宅だったようです。

新人営業マンは、いろいろお話を聞いたあと、見積もりを出しました。するとお客様に、もう1社にも見積もりをお願いしていることを伝えられました。

彼は研修で学んだことを思い出しながら、動じることなく、

「そうですか、よくお考えになって、できればわが社によろしくお願いいたします。まごころこめてお手伝いさせていただきます」

と言い残して帰りました。帰りに門を出たところで、もう1社の営業マンと鉢合《はち》わせになったので、同じ日に呼ばれていたこともわかりました。

翌朝になり、早くにお客様から電話がありました。「もう1度来てほしい」とのことですぐに駆けつけると、もう1社の見積もりを見せながら「どうしましょう」と言うのです。

見ると自分が提示した金額よりも、安い金額が書いてありました。

そこで彼は、「私の独断ですが、なんとか上司に話をして、その値段でさせていただきましょう」と返事をして契約をいただいたのです。

そのとき、お客様は、彼にこんなことを言いました。

「あなたは営業マンとしてパーフェクトです。よしんば価格がそれ以上下げられなくても、私たちはあなたにお願いしようと心に決めていたんですよ」

たった一言ですが、彼は泣くほど嬉《うれ》しかったといいます。

聞けばもう1社の営業マンはベテランで、口達者な凄腕《すごうで》の男性だったと言います。それなのに素人同然の彼を選んで契約をしてくれたのです。

入社して研修を終えたばかりの彼に、テクニックなどあろうはずがありません。ずぶの素人に「あなたはパーフェクトです」の言葉をくださったのは、まさしく彼の持つ「人間力」といえます。

販売成功の鍵《かぎ》はどこにあったのか。

この青年の行なったことを詳しく聞いて、私なりに分析しましたので参考にしてください。

一、訪問したときに、打ち水、香が焚いてあることに気づき、感動した自分の気持ちをタイミング良く言葉にしている。
一、靴《くつ》をそろえて上がっている。
一、座布団《ざぶとん》を勧められたとき、床の間を背にする上座をさけ、末席に座っている。座布団は使っていない。
一、お茶を出されたとき、「ありがとうございます、どうぞおかまいなく」と言葉にしている。
一、引っ越しのお祝いの喜びを言葉にして伝えている。
一、「思い切って私のできる○○までさせていただきます」と誠意を示している。
一、「ありがとうございます。お電話くださりお見積もりさせていただけただけで本当に嬉しく思っています」という感謝の気持ちを伝えている。

一、「まごころ込めてお仕事させていただきます」「良いお返事をお待ちしております」と温かみのある言葉で気持ちを伝えている。
一、「ありがとうございます」を会話の中で何度も口にしている。

こうしてみるとこの青年は、会話と行動の中に相手の心をしっかりと受け止めています。

他社の営業マンを上回る営業力があったかどうかはわかりませんが、経験と知識においては、まだ未熟なことは間違いありません。

しかし現実に彼と契約してくださり、「あなたはパーフェクトです」と言っていただいたということは、他社の営業マンを結果的に上回っていたことにほかならないのです。

この成功の鍵は、人間性であり、熱意であり、この青年の持つ温かみではないでしょうか。

テクニックではなく人間力で、ずぶの素人でもベテランを上回ることができるのです。

「ありがとうございます」は魔法の言葉

私の信条である「営業マンは幸せを運ぶ配達人」は、あるたった1つの言葉から始めることができます。

それは「ありがとうございます」という言葉です。

この言葉は、営業マンの人間性を表わす鏡のような言葉です。

先に挙げた引っ越し会社の新人営業マンは、このありがとうございますという言葉をとても大切にしていました。

「どうぞお入りください」「ありがとうございます、失礼します」

「家具はどのように・・・」「ありがとうございます。説明させていただきます」

「何かパンフレットのようなものはありますか」「ありがとうございます。こちらです」

「お値段はどのくらいに」「ありがとうございます。…説明」

「いつごろになりますか」「ありがとうございます。…説明」

ただ言えば良いというものでもありません。声の響き、表情、言葉からにじみ出る人柄、たった1つの言葉ですが、たくさんの表情を持つ言葉でもあります。

謙虚な姿勢で、自然体でこの言葉が出てくれれば、それだけでお客様に気持ちの良い時間を過ごしていただけることになるのです。

私も自らの営業の中で、この言葉をひときわ大切にしてきました。

お断わりが続くと、自分の心の中に暗雲が立ちこめてきます。そうすると表情も暗くなっていくのでしょう。次の方もその次の方も、お客様は私を見るなり怪訝《けげん》そうな顔でお断わりとおっしゃいます。

あるとき、ショーウインドウの鏡に映《うつ》った自分の姿を目にし、その能面《のうめん》のような顔を見てハッと我に返りました。

お断わりとその状況に落ち込んでいく自分の「悪循環」に気がついたのです。

「どうしたらこの悪循環を断《た》ち切れるのだろう」

そう考えてたどり着いた答えは、たとえお断わりされるお客様でも、

「あの営業マン、買わなかったけど、なんだか気持ちのいい人だったな」

と思ってもらおうということでした。

飛び込み営業というものは、営業マン側の都合《つごう》で回っています。お客様側からしてみれば、忙しいときに呼び鈴を鳴らしてしまっているかもしれないのです。それ

に対してお客様は、ご自身の都合を一時中断して、私の対応をしてくださっているわけです。

それに気がついたとき私は、一言でも会話していただけたなら本当にありがたいのだ、という気持ちがしみじみと湧《わ》いてきました。

そこで、私の訪問に対して応対をしてくださったお1人おひとりに対し、心を込めてこの「ありがとうございます」という言葉をお伝えすることにしました。

ありがたいというほっこりした感謝の気持ちを、素直《すなお》にお伝えする。そして「感じのいい人だったな」「すがすがしい営業マンだな」せめてそんなふうに思っていただきたい――。

私はひたすら、私が通り過ぎたそのあとが、その人にとって少しでも心地良い時間になるように、という思いで1軒1軒を回り始めました。

すると不思議と、少しずつではありますが、本が売れ始めるようになりました。

この経験を経て、私の中で「ありがとう」という言葉の持つ重みが、ひときわ増したような気がしています。

ほんの1分でも、ほんのひと言でも、応対してくださったその方に対して、ありがとうございますという感謝の気持ちを伝える。

本当に小さなことですが、私の信条である「幸せを運ぶ配達人」はここから出発すると思っています。

買ってくれと詰め寄る気持ちがあると

京都市の人口は約１５０万人、世帯数は70万と聞いています。私はこの京都を中心に、1軒1軒、あますことなく訪問していました。

１つも飛ばさないと心に決めていましたので、地図を片手にはじから順番に訪ねて歩くのですが、多いときには千軒近くお訪ねした日もありました。

これだけ多くの家庭を訪問しても、１軒として「本屋さんが来るのを待っていました」という家はありません。

たいていは第一声で「いりません」と言われます。ときには「やたらブザーなど押さないでください」とお叱《しか》りを受けることもあります。営業マンにとっては厳しい試練です。

そんな毎日の中で、お客様にたびたび「買わしまへんえ、見るだけどっせ」と京都弁で言われることがありました。

不思議なことに、その見るだけとおっしゃるお客様こそが、契約をしてくださるのです。

京都人の「見るだけどっせ」は、実はかなり興味を示してくださっている証《あかし》だということはずいぶんあとから知るわけですが、当初そんなことを知らない私は、この言葉にぴんときました。

そして「見るだけ営業」という営業方法を思いついたのです。

嘘《うそ》はいけませんので、本当に見てもらうだけの営業です。

「本屋です。今日はPRに来ました。見てもらうだけです」

そう言って1軒1軒訪問すると、それまでインターホンや門の外で追い返されてばかりいたのに対して、見るだけのお客様が明らかに増え、さらに契約数に反映し始めました。

お客様の反応も、「販売に来ました」と言ったときと比べると、表情や応対の仕方がまるで違います。

おそらく以前の私は、売るのが営業マンの仕事と常に頭にありましたので、知らず知らずのうちに「買ってくれ」と前のめりになっていたのでしょう。

そんな思いがお客様に伝わっていたと思います。その勢いを恐れてお断わりされていたのは、想像に難《かた》くありません。

拒否するお客様になんとか売ろうとしますので、売る営業マンとお客様との力関係は、お客様9に対して営業マン1くらいでしょう。その中で販売しようとするのですから、至難《しなん》の業《わざ》です。

「今日は宣伝だけです」となると、お客様側からすると、売ろうとして来たのではないと思うだけで安心感が生まれ、力関係は7対3ほどになります。

話ができて本に興味が出てくると5対5、対等の関係になるのです。

加えて人は、見ればほしくなる、聞けばほしくなる、この心理は少なからず働きます。

この場合の契約は、お客様のご希望で購入いただくのですから、お客様は決して「宣伝だけと言ったじゃないですか」とは言いません。

さらにいいことは、「買ってくれ」という心の底の思いにがんじがらめになっていた営業マン自身の、肩の力が抜けます。気持ちの上で楽になり、心にゆとりを持って営業活動ができるようになります。

この「見るだけ営業」で私は、面白いように成績を伸ばすことができました。

こうして私は、苦労の中から見いだした手法で、営業マンとして人と肩を並べられる数字を上げることができるようになっていきました。

一に聞いて、二に聞いて、三四がなくて五に提案

世の中には話し上手という人がいます。こういう人こそ営業マンに向いている、と一般的には評価されるでしょう。たしかに一流の営業マンの中には、話し上手な人もいるかもしれません。

ですがそれを上回る、超一流の営業マンが持つ、ある共通点があります。

それが「聞き上手」です。

聞くことの下手な人はガンコです。一本気で押しの強い性格なので、一見リーダーシップがあってはつらつとして見えますが、こういう人ほど営業成績が伸びません。

営業の現場で大切なのは、「お客様の考えがどこにあるか」を適確につかむことです。

お客様の心に、販売する者が心を寄り添わせることが肝要《かんよう》です。そのためにはまず、お客様のお話をしっかりと聞くことが大切です。

家庭販売を例に取れば、私はまずいろいろとお尋ねすることから始めます。

ご年配のご主人には趣味や昔の手柄話、奥様には若いころからの苦労話、若いご主人には野球やサッカーなどの趣味、若い奥様には子育て、教育問題、進路など、それぞれいろいろです。

お客様は、興味のある話題や得意な話になれば、目の輝きが変わり、雄弁にお話しくださるようになります。

そんなとき私は、30分でも1時間でも、そのお客様が話したいだけ話して、気持ちの中が空っぽになってスッキリするまで聞かせていただきます。「そうですか、そうですか」と言ってひたすら聞き続けるのです。

そうして最後にほんのちょっとだけ、本の話をこちらからします。

そのとき、それまでお伺いしたお話から、興味や関心のありそうな本をご提案するのです。そうすると自然と契約に結びつきます。

お話を聞く際には、お客さまが心を許してお話ができる、場の空気づくりがとても大切です。

そのとき、お客様が自分に対して心を開いてくださるかどうか、を左右することがあります。

それが、あなた自身の「人間性」です。

「それを言われたらぐうの音《ね》も出ない」「一朝一夕で磨《みが》かれるものではないからやっぱり営業マンとしての成功は遠い」などとがっかりしないでください。

私は会社の若い営業マンにいつも、お袋さんに親孝行しろよ、女房を大事にしなさい、と言います。これにはしっかりとした理由があります。

人間は、営業のときだけ人を変えることはできません。「よし、今から営業に行くぞ」と言って、そこで急にいい人や立派な人になることなどできないのです。

ふだんの生活の中から、人間性を高めることをしないといけないのです。

ふだんからお年寄りを大切にしていたら、どんな場所でもお年寄りに親切になります。そんな人は営業の現場でも、高齢のお客様への気遣《きづか》いが自然と出てきます。

女房を大事にしている人、家族を大切にしている人は、お客さんの前に立ったとき、しぐさや、表情にそうした人柄がぽっと出るのです。

人間性を高めて聞き上手になる、とっておきの方法をお教えしましょう。

それは、家に帰って家族の話をじっくりと聞いてあげることです。

家族を大切にできない人が、お客様を大切にはできません。ふだんから人を大切にすることを心がけることこそが、人間性を高めることにつながります。

一見遠回りのように思えますが、そのように仕事の場でもそうでないときも、聞き上手を実践してみてください。きっと数か月もすると、お客様との距離が近くなったような感触を受けるでしょう。

超一流の営業マンは「聞き上手」。このことをいつも心に留《とど》めておいてください。

「ありがとう」は3回伝える

一般販売の営業で順調に数字を伸ばし始めた私ですが、評価はあくまでも売上の合計金額でしたので、一般販売だけでは限界がありました。

そこで私はいよいよ、ほかの営業マンがメインターゲットとしている、学校販売の分野に足を踏み入れることにしました。

しかし京都市内の学校においては、長年の伝統の中に京都の書籍を扱う業者が、根強くお客様をつかんでいます。そこに割り込んでいくのは至難《しなん》の業《わざ》で、加えて私の会社の営業マンにも既存の担当がありますから、まさしく縄張り争いになるわけです。

私は同僚の顔色を伺いながら、仕事を進めなければなりません。最初の数か月は私から本を購入してくださるお客様は1人としていませんでした。

でも私はへこたれませんでした。外での販売のことを思えば、冷暖房のきいている屋内で仕事ができるだけで、私にとっては夢の中にいるようでした。

学校の先生方というのは、ご自身の研究用にも本を必要としますし、教材用に買われることもあります。これに勝る販売市場はほかにないと思っていましたので、ここで必ず成功させるぞと固い決意を持って挑《いど》んでいました。

どの学校を訪ねたときも、初めて入る職員室は本当に緊張しました。

震える声を押さえながら「失礼します」とノックをして入ります。

先生方はみなさん忙しく、こちらにかまってくださる方など1人もおりません。

職員室を見渡すと、競合他社の営業マンが既に注文を伺っています。

始めのころは、職員室の隅《すみ》っこで、ただ立っているだけで1日が終わってしまうこともありました。

それでもだんだん職員室の空気になれてくると、「お忙しいところすみません、本屋です。ご入り用の本はありませんか」とお声がけができるようになりました。

ここでも一般販売で培《つちか》った、1軒残らず回る営業を実践しました。先生方のおじゃまにならないよう細心の注意を払いながら、お1人おひとりに自己紹介のつもりでお声をかけて歩きました。

数週間がたったある日、初めて「君、本屋さん？　○○の本ありますか」と先生が声をかけてくださいました。

このとき、喜びと感動で体の震えが止まらなかったことを、今でも昨日のことのように思い出します。

お断わりの連続の中で、全神経を集中させながら契約に導いていく営業を毎日繰り返していたものですから、お勧めしなくてもお客様のほうから手を挙げてくださる現実は、私にとっては奇跡に出会ったような感動にほかなりませんでした。

「ありがとうございます。ありがとうございます」

思わずこみあげてくる笑みを押さえきれず、何度もそうお伝えしたのを覚えています。

あまりにも嬉《うれ》しかったので、次に訪れたとき、真っ先にその先生のところへ行って「先日はありがとうございました」とご挨拶しました。

そしてその次に訪れたときにも「あのときはありがとうございました」とお伝えしたのです。

その先生は、あまりにも嬉しそうな私の顔を見て、「君、本くらいでそんなに喜ばなくてもいいよ」とおっしゃいました。ですが私は、本当に心の底から嬉しかったのです。この感謝の思いを伝えずにはいられない、というのが正直な気持ちでした。

だんだんとほかにもそうして声をかけてくださる先生が出てき始めて、私はいつしかどの先生にも、「最低3回はお礼を言おう」ということを心がけるようになりました。

そうするうちに、どこでも誰にでも、買ってくださったお客様には見るたび会うたび、3回と限らず何度でも、お礼をお伝えするようになりました。

それは言わなければならないから言うのではなく、心から湧き出る感謝の気持ちでした。

こうして懇意《こんい》にしてくださるお客様ができ始め、たった1校だったお取り引きも次第に増えていきました。

すると予想を超えることが起こり始めました。

訪問する学校には必ず、私の来るのをお待ちくださる先生が出てくるようになったのです。

あるときは、同時に手を挙げてくださる先生が何人もいて、「少々お待ちください」と言ってお待たせしながら、順番に契約書に記入していただくこともありました。

しばらくして、またあることに気がつきました。

今度は、他社の営業マンに会わなくなったのです。

始めはとくに気にもかけず、今日はいないのかな、くらいにしか思っていませんでした。

しかしそれは、「売れないから来なくなった」ということだったのです。

つまり先生方のほうが、「どうせ買うなら林君から買おう」と私を選んでくださり、ほかの営業マンから買うのをやめて、私が来るのを待っていてくださったのです。

おそらく知らず知らずのうちに、嬉しい、ありがたい、夢のようだ、感謝、感動という湧《わ》き出る喜びが、お客様に心地良く伝わって、売り手と買い手の良好な人間関係ができていたのではないでしょうか。

この経験から私は、営業は物を売るのではない、私を、そして私の心を買ってくださっているのだ、ということを悟りました。

何をしたかと言えば、感謝の気持ちを素直にお伝えしていたことしか思い浮かびません。ですが、このことこそが、私の営業マンとしての芯《しん》の部分を形づくってくれていたのでした。

以来、私は、学校販売を主なフィールドとしていくわけですが、月に3、4回は必ず、一般販売の飛び込み営業の日をつくりました。

雨の日も雪の日も、猛暑の炎天下も休まず歩いて自分を成長させてくれた営業の原点、飛び込み営業を忘れないようにと自分に課したのです。

最もつらい一般販売の苦労を常に自分の中から忘れないでいることが、学校販売でのありがたみを再確認することにつながるからです。

このことは、私のお客様に対する感謝の気持ちを、いつでも失わずにいるための、強力な礎《いしずえ》になりました。

こうして私は、自分で自分に課題を課すことで、営業マンとしての大切な心持ちを常に持ち続けることができたのです。

いつでもお客様に感謝の気持ちを持つ。そしてその気持ちを「ありがとう」の言葉に託して、常にお客様に伝え続ける。

この感謝を忘れない心持ちこそが、営業マンの極意《ごくい》そのものなのです。

第2話　「苦」を「楽」に変える発想の転換

どん底生活が教えてくれた「ぬくもり」

私が、縁《えん》もゆかりもなかった京都に、初めて出て来たときの話をします。

私は父との確執《かくしつ》により、断腸《だんちょう》の思いで、生まれ故郷の名古屋の家を出ました。

思えば私の至らなさゆえの父との不仲でありましたが、当時は若かったせいか「こんな親父《おやじ》とは一緒にいられない」と家を飛び出してしまったのです。

無謀《むぼう》にも、生死ぎりぎりの病気の妻と、6歳、4歳、3歳、1歳の幼子4人を連れて、着の身着のまま、本当の無一文で、おんぼろ車にわずかな着替えを乗せて実家をあとにしました。

京都にたどり着き、そこで始まったのは、お恥《は》ずかしくも公園生活です。伏見の公園のわきに車を停《と》め、その中で6人で寝起きしました。

働き口もなし、食料もなし、市場で捨てられていたものをいただいて食いつなぐ生活。1日をやっと生きている状態で、どうすることもできず、小便を漏《も》らすほど追い詰められました。

住む家を探すため不動産屋をめぐりますが、何軒尋ねても断わられます。金もない、保証人もいない私をみんな、汚いものでも見るかのような目で見て追い払うのでした。

何十軒歩いたでしょうか。ようやくある不動産屋の70代半ばの奥さんが、私のお願いに根負けして、「しゃあないな」と言って、路地奥の古い木造の6畳1間を貸してくださいました。敷金も礼金も払えませんでしたが、月々の家賃に含めての支払いを許してくれました。

薄暗いひと間でしたが、涙が出るほど嬉しかったです。

「これであの公園での、惨《みじ》めな暮らしから脱することができる」

奥さんには、心底ありがたいと思いました。

こうして始まった京都暮らしは、タンスもテーブルも冷蔵庫もなく、あるのは段ボール1個と毛布が数枚だけの生活でした。ですが、私たちは雨風がしのげるだけで御《おん》の字《じ》でした。

そんな生活が始まったばかりの、ある寒い冬の日のことです。

ストーブが買えませんでしたので、寒さのあまり、４人の子どもがそろって熱を出してしまいました。

子どもはよく熱を出しますが、この日ばかりは、顔を真っ赤にして、苦しそうにもがく姿が尋常《じんじょう》ではありません。

しかしお金のない私たちには、病院に連れて行くことも、薬を買ってやることもできません。タオルを水で絞って頭に載せるばかりでした。

そんな2人のおろおろする様子が見えたのでしょう。

向かいの部屋に住む、日ごろ挨拶を交わす程度だった龍谷大学の学生さんが、部屋を訪ねて来て「私の冷蔵庫の氷を使ってください」と大きな器《うつわ》にあふれんばかりの氷をくださったのです。

そして「つくっておきますので、なんぼでも言ってください」とおっしゃってくださいました。

そのとき家にいた妻は、お礼の言葉が、涙で声にならなかったといいます。

その後、何度か氷を分けていただき、数日後、子どもたちは元気を取り戻しました。

30年以上の月日が過ぎた今でも、この日のことが脳裏《のうり》に浮かび、学生さんを思い浮かべて手を合わせることがあります。

他人から親切にしていただいたときの、あの感動、あのありがたさ——。

人のために何かを行なうことの尊さを、私はこの1人の学生さんに教えていただいたのです。

そしてこのことは、私の人生観を大きく変えました。

私は自分が本当に苦しかったとき、他人からの思いやりによって住まいを得て、家族の命を助けられました。

この経験の中で、私はそれまで知らなかったことを知りました。それは、思いやりの心には「ぬくもり」がある、ということです。

その「ぬくもり」は、私の冷たくなっていた心を温めてくれ、明日を生きる元気を授けてくれました。

そして不思議なことに、このぬくもりを日々感じていると、自分も誰かに対して親切にしたくなるのです。

いつしか私は、「誰かのお役に立てる人間になりたい、ぬくもりを届けられるような営業マンになりたい」と思うようになりました。

京都で最初に町の人にしていただいた親切が、その後の私の営業マン人生を、ずっと支え続けてくれました。

自分が変わると周りの景色が変わる

会社で人間関係に悩む人、部下の指導に行き詰まる人、経営に苦しむ人、悩みを抱え体調不良になる人、成績が上がらず苦しむ人、壁《かべ》を破れず自己嫌悪に陥《おちい》る人、人それぞれに形は違いますが、悩みを抱えながら仕事をしている人は多いと思います。

私も駆け出しの営業マンとして、お断わりの連続の中で日々奮闘《ふんとう》していました。

1年目は、五里霧中を手探りで進むような、まさに試練の連続でした。

2年目に入り、自分なりに大切なポイントを見いだすことができるようになり、契約を成功に持っていく術《すべ》を身につけました。

そして入社3年目にして、京都支社の約50人の中で、なんとかナンバーワンの成績を上げるまでに至ったのです。

仲間には、成績の上がる私を持ち上げてくださる人もあり、支社長からも頼りにされました。気分の悪いものではありませんでしたが、私としては営業の仕事が毎日苦しく、決して楽しい日々ではありませんでした。

仲間からは「林さんは凄《すご》い、営業をするために生まれてきたような人ですね。営業大好きでしょう」と言われました。

ですが私にはその言葉がつらく、決まって「大嫌いです」と答えていました。まさかと言われると、一段と声を強くして「本当です、大嫌いなんですよ」と答えていました。

「営業の仕事が好きな人なんているわけがない」

毎日がつらく苦しいと感じていた私はそう思っていました。人からほめられるほど、意固地《いこじ》な思いは募《つの》るばかりでした。

そんなある日、京都で作家の幸田文《こうだあや》先生の講演会があり、会社に案内状がきました。支社長から私に声がかかり、出席することになったのです。私は幸田先生の大ファンでしたので、喜んで参加しました。

気品にあふれる先生のひと言ひと言が、骨身にしみるようで、身を乗り出して聴かせていただきました。

その中で、幸田先生はこうおっしゃったのです。

「人生において幸せな人とは、今の自分の置かれた立場や仕事に喜びを持ち、誇りを持てる人だと思います。不幸な人とは、自分に与えられた仕事や立場に、喜びと誇りを持てない人だと思います」

私は胸に5寸釘を打たれたような衝撃を受け、血の気が引くのがわかりました。幸田先生の不幸な人という言葉が、まさしく私を言い当てていたからです。

あまりのショックに、呆然《ぼうぜん》としながら会場をあとにしたことを覚えています。

私は路上生活から一家6人を救ってもらい、生死ぎりぎりの状態だった中で、営業という仕事にご縁《えん》をいただきました。

その仕事に命を救ってもらい、妻も元気にしてもらい、子どもたちも学校へ通うことができ、人並みの生活を送ることができるようになっていたのです。

そこまで恩のある仕事を、「嫌いだ、大嫌いだ」と言って平然としていた私は、なんという罰当たりな人間かと気がついたのです。

私はこのままではいけないと考え、たとえ現場でつらくて嫌《いや》だと思うようなことがあったとしても、絶対に仕事のことを嫌いだとは言わない、大好きで通そうと、固く決意をしました。

それ以来、お客様の前でも、仕事仲間の前でも、「仕事大好き」「会社大好き」「営業大好き」を貫き通しました。

そうすると、不思議なことが起き始めました。

あるお客様は、「あなたのような社員を持つ会社はすばらしい、応援させていただきますよ」と契約してくださるのです。

またある会社の社長さんは、「君のような社員がほしい。ときどき遊びに寄ってください」

とうらやましそうにおっしゃるのです。

それまでたくさんのお客様との出会いがありましたが、このような言葉をいただく経験は、それまでありませんでした。

私の心持ちが変わったら、明らかに周りの方々の、私に対する接し方が変わってきたのです。

まるでなんとなくくすんで見えていた周りの光景が、いきいきと輝いて見え出すような、そんな変わりようです。

その後、成績は順調に上がり、販売エリアも広がっていきました。

そうするうちに私は、全国３０００人の営業マンのナンバーワンに登り詰め、最高位のダイヤモンド会員の表彰を受けることになったのです。

私はいつの間にか、「営業が好き」と心の底から思えるようになりました。

このことがあって私は、自分で習慣づけることによって、自らを変えることができると確信しました。

これは「マズローの欲求五段階説」に説明されることでもあります。

人の欲求は、始めは食べたい、寝たいといった本能的な欲求ですが、そうしたものが満たされていくことによって安全な住まいや、社会的な人間関係、その中で認められたいといった人間の内面的な欲求へと変わっていくという説です。

京都に出てきたばかりの食べることがやっとだった私は、家族のために、食べるために、と収入を得ることだけに必死でした。

ですが、地域の人やお客様との出会いの中で、人の役に立つような営業マンになりたい、というがんばる目標が見えてきたのです。そして自分の進む営業の道に、誇りを持てるようになっていったのです。

そのきっかけをくださった幸田文先生に、今でも心から感謝しています。

人は、自分で自分を変えることができます。

そして自分が変わると、周りが変わってきます。

どうぞ恐れずに、自分の目標を、より高い次元へと上げていってください。

そうすることによって、周囲の自分を見ている目が変わり、さらにそのことが、自分の生き方をより良い方向へと導いてくれます。

マズローの欲求5段階説

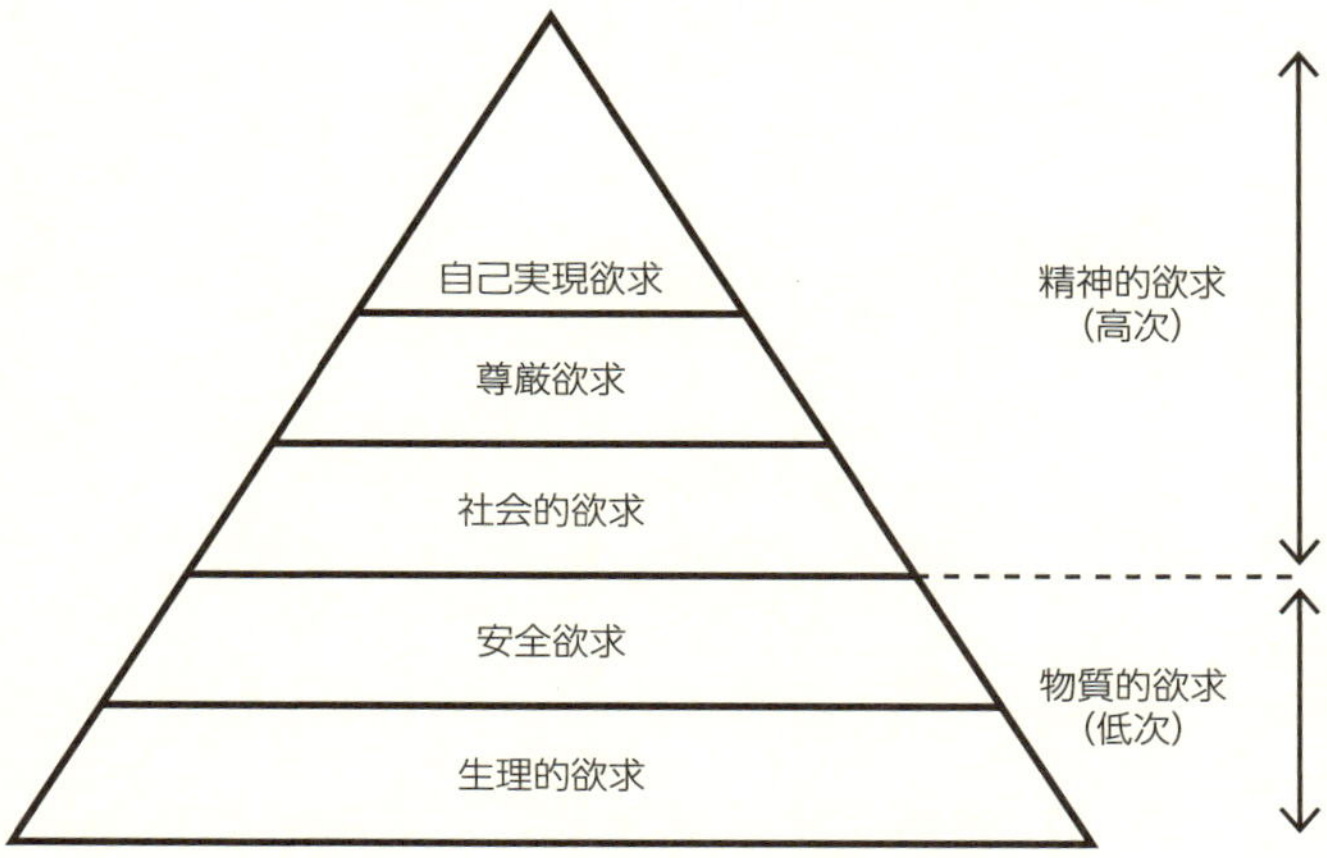

アメリカの心理学者アブラハム・マズローは、「人は自己実現に向かって低次から高次へ成長しようとするものである」と仮定し、人間の欲求を5段階で説明した。

イバラの道はバラ色の道

営業マンの心は毎日、両極端に揺れ動きます。

契約をいただければ「やった！」と子どものように歓喜《かんき》し、お断わり続きやキャンセルがあると、悲嘆に暮れ絶望感に襲《おそ》われます。営業マンの宿命とでもいうのでしょうか。

この喜びと苦しみの両方を行ったり来たりしながら、営業マンは力をつけ、鍛《きた》えられ、成長していくもので、これがあるべき姿だと思っています。

ですから契約が取れたら天に舞い上がるように喜び、取れないときは悲しみに暮れる、これでいいのです。

苦しいときは苦しみ、悲しいときは悲しんでも、その代償として人には味わえない大きな喜びも営業マンにはあるのです。そんな一例をご紹介したいと思います。

私がいつものように営業で回っている中で、その事件は起きました。

ある40歳前後の奥さんに本の契約をしていただきました。後日、会社から注文された本を送ると「そんな契約はしていない」と電話がかかってきたのです。

キャンセルならば「はい」と返事もできるのですが、契約していないとなると、契約文書の偽造《ぎぞう》となり、私の信用にも関わります。

私はどういうことだろうと不安な気持ちを抱えながら、会社の者とその奥さんにお会いしに行きました。

おじゃましてみるとその奥さんは、親戚《しんせき》を集めて待ち構えておられました。そして「なんということをしてくれるんですか」といきなり大きな声で怒鳴《どな》ったのです。さらに、これは私の字ではない、印鑑《いんかん》も私のものではないと言われました。

私はたしかにお客様に直筆《じきひつ》でご記入いただいていましたから、それを見せながら、当時の状況を思い出してもらおうと必死に説明しました。

しかし相手は「そんな覚えはない」の一点張りです。

血の気の多いその奥さんはついに警察まで呼ばれ、私はパトカーに乗せられて警察署へ連れて行かれました。

取り調べが始まりましたが、警察では一方的に私が悪いと決めつけています。契約したときの状況を話すのですが、まったく相手にしてくれません。このときほど情けなく、悔しい思いをしたことはありません。

そして数日がたちました。警察は相手の方のことを調べたのでしょう。奥さんが嘘《うそ》をついたということがわかったようです。

しかし事を治《おさ》めるために「頭だけ下げてやってください」と言われました。

私にしてみれば、被害者はこちら側なのです。まして頭を下げる必要などありません。

躊躇《ちゅうちょ》していたところ、今度は会社からも、早く事を切り上げたいと「この場だけ頼みます」と言われました。私は納得はしていませんでしたが、会社のためと頭を下げに行きました。

その日から私は、なぜいつもまじめにやっている私が、嘘をついたり作り話をするようなお客様に頭を下げなければならなかったのかと、憤《いきどお》りを抱えながら悶々《もんもん》とした日を送りました。

お客様と私は対等に話ができないのか、営業マンだから、販売員だから、私が悪いというのか。それでは営業マンは人間以下ということか……。

私は心が暗くなって、むなしさが募《つの》り、一時期、仕事が手につかないほど落ち込みました。そして「もうやめてしまいたい」と思い、辞表を書き、胸ポケットに入れて持ち歩いていました。

そんな気持ちの中で営業回りを再開していた私は、重い足を引きずりながらいつも伺っていたある学校を訪ねました。

力なく廊下を歩いていたそのときです。

「おお、林君」

と、先生にうしろから声をかけられたのです。そして、

「しばらく来なかったけど、どうしてたんや。ほしい本があってな、林君が来るのを１か月も待っとったんよ。さっそく頼みたいんやけど」

とおっしゃってくださったのです。

本屋は町を歩けばどこにでもありますし、その学校は他社の営業マンも日ごと出入りしています。買おうと思えばいつでも買えるのです。

ですがその先生は、その中から私を選んで、この私を１か月も待ち続けて、本を売ってくれとおっしゃるのです。

私は、胸に熱いものがこみ上げてくるのがわかりました。

感極まる気持ちを抑えながら注文を伺っていると、次々と周辺の先生方の手が挙がって、「おう林君、こっちも頼みます」「待ってたで」とご注文の声がかかります。

私は涙があふれそうになりながら、体がだんだんと温かくなり、胸のつかえがす

うっとなくなっていくのを感じました。

私はこのときほど、お客様のありがたみを感じたことがありません。

まごころを持って日々を努めていれば、自分が気づいていなくても、ちゃんと見ていてくれる人がいる、ちゃんと助けてくれる人がいる、そう思える出来事でした。


その後私は、胸にしまってあった辞表を破り捨てました。

私はこの先生方のおかげで、いっぺんに明るさと勇気を取り戻すことができました。そして人間的に1歩も2歩も、成長できたかもしれないと思っています。

ここで学んだ教訓は2つありました。

1つは、お客様はいつでも自分を助けてくれる存在であるということです。

もう1つは、お客様は自分にとって「すべていい人」ということです。

理不尽《りふじん》な思いをして私は、私を悪者にした奥さんをずっと恨《うら》み続けていました。

世の中には悪い人がいるものだ、そう思って自分を慰《なぐさ》めていました。

しかし先生方に救われて、冷静になって考えてみたとき、はたと気がついたのです。

私はあの奥さんとの一連の経験があったからこそ、自分を助けてくれていたお客様の存在に気づいたのです。そしてお客様に対する思いが一層深まったのです。

あの奥さんに出会うことによって、私はそれを教わったのです。

身勝手で浅はかだった自分はそれまで、思いどおりにならないことに対して不満ばかり漏《も》らしていました。

しかしたとえ理不尽な出来事に巡り合っても、立ち位置を変えて考えてみると違って見えてくることを知りました。

それ以来、どんなことが起きても、どんな理不尽な目にあっても、「悪いお客様は1人もいない」と思えるようになりました。

何か具合の悪いことが起きても、何かを教えようとしている巡り合わせなのだ、と客観的に考えることができるようになったのです。

営業マン人生で一番苦しい事件でしたが、その後に何にも代え難い大きな喜びが訪れました。

営業の仕事は、一見苦しみと喜びを行き来する振り子のようですが、行きつ戻りつして同じ所を揺れているわけではありません。

苦しみと喜びの間で私たちは、らせん階段を上るように、常に進化し続けているのです。

ですから、営業回りの中で、どんなにしんどいことがあっても、「今起きていることは何かの教訓になる」と1歩引いてみてください。

苦しいとき、その状況に飲みこまれず、ほんの少し視点を変えて見てみると、新たな気づきが必ずあります。

苦しい道のりも、視野を広く持って歩き続ければ、楽しい道が必ず見つかるのです。そうしてらせん階段を上りながら、人は成長しているのです。

営業はお客様への恩返し

先の一連の事件があり、私にとっての「営業の仕事」の概念が一変しました。

お客様はいつでも自分を助けてくれる存在ということに気がついた私は、「営業の現場を、お客様に対する恩返しの場にしたい」と思うようになりました。

私はそれから、「営業はお客様への恩返し」と、常に心の中で唱《とな》えて歩きました。

商売が成立すると、お客様は商品を手にすることができて幸せなはずです。私も買っていただくのでたしかに幸せになります。

おそらくふつうの営業マンならばこれで成功、万々歳と考えるでしょう。

でもお客様はどうかと考えると、買った対価のお金が減っているわけです。もちろん商品はお渡ししているので等価交換となるわけですが、それでは恩返しになっていません。

買ってくださった以上のお返しをする、それが私にとっての本当の意味の恩返しです。

私には書籍を値引きすることもできませんし、何かをサービスで付け足すこともできません。

精一杯のできることといえば、そのときの感謝や喜びの気持ちを、まごころで伝えることでした。

「先日はありがとうございました」「買っていただいて、ほんまに嬉《うれ》しかったです」「お誕生日おめでとうございます」「ご栄転おめでとうございます」「お子さんのご入学おめでとうございます」

などなど、笑顔いっぱいのご挨拶を心がけました。

このような、自分の胸の内にある、ほっこりした気持ちを素直《すなお》にお伝えすることも、１つの小さな恩返しにつながるのではないでしょうか。

また私は、お客様の引っ越しの手伝いをしたこともありますし、ちょうど私も大阪まで用事がありますと言って、早朝に京都から伊丹空港までお送りしたこともあります。

本の販売と直接関係のないお手伝いも、恩返しと考えれば、実に気持ち良く動くことができます。

売上とはまったく関係のないこともありましたが、これも恩返しであれば、「やっとお返しができた」と心の中でそっと満足ができたのです。

そんな気持ちで仕事をしていても、お返しができたと思えるのは、月に1度あるかないかです。

間違えてはいけないのは、こうしたことを、買ってもらいたいからやるのではなく、恩返しと思って行動することです。

この気持ち、この心がけが、営業マンとしての大きな力を生むのです。

売ることだけを考えていた営業から、お客様に恩返しの営業へ。

この心持ちの変化がいつしか、営業マンの品格、人間性を高めてくれるのです。

「キャンセル」も恩返しの1つ

「キャンセル」この言葉は、この本をお読みになっている方にとっては、見たくも聞きたくもない言葉でしょう。

せっかく苦労して契約までこぎつけたのに、またゼロに戻るわけです。

「さんざん苦労したのが水の泡《あわ》だ」と思わず愚痴《ぐち》を吐《は》きたくなる方もいるでしょう。ともするとそれまでいい人と思っていたお客様を、「あの人のせいで、ひどい目にあった」と悪者にしてしまう営業マンも出てくるかもしれません。

またはお客様に対して直接、「えー、そんなこと言わないで」とか「頼むから考え直してください」と詰め寄ったり、ときには「契約したのに、何言ってるんですか」と怒《おこ》り出す人もいます。

キャンセルは災難、そう思っている営業マンがものすごく多いわけです。

ですが実は、私がこれからお伝えする「発想の転換」を知ったなら、キャンセルがものすごく価値のあるものということが、おわかりいただけると思います。

まずは、「キャンセル」は、あなたが「売ろう、売ってやる」という気持ちでいるから、すごく嫌《いや》なのです。

私は「キャンセルも恩返し」、そう思っています。

キャンセルと言われたら、私ならすぐに飛んでいって「わかりました。結構です」と言って早急に対処します。

それは私が、お客様は「全部でひとつ」と思っているからです。あんなお客様、こんなお客様、あの人、この人、目の前にいっぱいいて、大きな大きな「ひとつ」なんです。

ですから、いつもお世話になっているお客様の切なる要望は、いつの場合も、どんなことでも、お応《こた》えするのが恩返しなのです。

キャンセルを申し出る方も、もしかすると契約後にものすごく気をもんでいらしたり、契約のことで家族とけんかしたりしているかもしれません。あれこれ悩んだ末に、どうしようもない、キャンセルするしかない、と思い切ってお電話していらっしゃるわけです。

ですからキャンセルは、すぐに処理をするのです。

キャンセルを、嫌だなという気持ちからついいつまでも放っておいて、1週間も10日もそのままにする人がいますが、お客様はさらに気をもみます。

お客様をイライラさせたら、申し訳ないのです。

私はすぐに行って「ありがとうございます。早急に解約処理を進めさせていただきます」と言い、「また次の機会によろしくお願いします」と付け加えます。

そうすると、次におじゃましたとき、「こないだ悪かったな。すまんな、林さん」と言ってくれますし、必ずと言っていいほど、以降に新しい契約をしてくださいます。

もしかすると「キャンセルして悪かったな、でも林さん気持ち良く処理してくれたな。今度は絶対頼もう」そう思ってくださっているのかもしれません。

もしキャンセルで、お客様と気まずくなったり、けんかしたりしたら、次はもう2度とありません。そこでその方とはご縁が切れてしまいます。ひどいときは避けるようになり、何か嫌な気持ちのしこりをお互いが心に残したままになります。

お客様には、絶対に気分の悪い思いをさせたらいけないのです。

なぜなら、「営業マンは幸せを運ぶ配達人」だからです。

ですから、キャンセルを恩返しだと思ってください。そしていち早く処理をしてさしあげてください。そうすると不思議と全然つらくないですし、お客様との関係がより強固になっていいことずくめです。

また、そうして恩返しと思ってお客様に接していると、そのお客様がほかのお客様をご紹介してくださることもあります。こうした例は、恩返しが恩返しを呼ぶと言ってもいいかもしれません。

何か問題が起きてそれを処理したお客様ほど、その方から口コミのような形でほかのお客様へとつながっていきます。

たとえば職員室で、ある先生とのトラブル処理を一生懸命していたら、それを見ていたほかの先生がご注文をくださるようになったということもありました。

私がお客様を「大きなひとつ」という考え方でとらえているのは、こういうことでもあります。

ですから、あの人は買ってくれたから優《やさ》しくしよう、あの人は無理難題を言うから恩返しはやめておこう、というように分《わ》け隔《へだ》てをしてはいけないのです。「大きなひとつ」はお客様だけではありません。家族や近所の人もひっくるめてひとつです。

だから私は後輩たちに対して、女房を大事にしろよとか、家族を大切にしなさいといつも口酸《す》っぱく言っているのです。

家族を大切にして、仕事仲間を大切にする人こそが、お客様を大切にできます。

そしてそういう営業マンこそが、お客様からも大切にしてもらえるのです。

キャンセルと言われたらチャンス到来です。

お客様からますます大切にされる、またとない機会だと心得て、即対処してみてください。

「嫌なこと」は「ありがとう」が解決

あるとき、こんなことがありました。

学校での営業中に、懇意《こんい》にしていたある先生から、「来春は娘が美術大学に進学するから全集をお祝いにあげたいんや。林さん、そのときはよろしく頼むな」と言われていました。

美術の本の全集は全巻カラーの何十万円もするものでしたから、1度に数字を上げられる大口のお商売です。

さらにお祝いの品ならば、その親子の幸せづくりになると、私はその販売のときが来るのをとても楽しみにしていたのです。

ところがたまたま、私が休みで代わりに若い営業マンがその学校に行った際、その先生はその営業マンに声をかけたのです。

「君、ほるぷの人だね。美術の○○全集を1セット頼みたいんだけど、林さんに言っておいてくれないか」

その営業マンは、「わかりました、言うときます」と言って、契約書を書いてもらい、自分の売上に入れてしまいました。

こういうことは、時折あることです。

私はこれを会社で知って「しまった、持って行かれた」とショックを受けました。先生をほんの一瞬だけうらめしく思いましたが、気を取り直しました。

その後すぐにその先生にお伺いし、

「先生、こないだはありがとうございました」

といつものように、感謝の気持ちをこめて伝えました。そして会話がひとしきり終わった去り際、

「成績はそれぞれにつきますので、次は直接お願いします」

と、さりげない言い方でお願いしました。

先生はそこで驚いて、

「え、そうだったのか？　今からキャンセルできないのか。つけかえられないの

か」

とあわてておっしゃってくださいましたが、いいですいいですと言ってその場を収めました。

そんなことがあって以来、その先生は、どんな注文でも必ず私にくれ、しまいにはその先生のお宅は私から買った本であふれかえっているのではないか、と思うくらいの本を、生涯を通して購入してくださいました。

もし、あのとき、「なんで私に言ってくれなかったのですか」と問い詰めていたら、おそらくこのような関係にはならなかったでしょう。

たとえ嫌なことが起こっても、ありがとうで事を締めくくると、その後の展開が変わってきます。

クレームへの対応も同じです。商品を買っていただいたのに、満足いただけなかったわけですから、いち早くお客様のところへ行き、「教えてくださいましてありがとうございます」と言って、事情を伺い、即行で対応することです。

お客様が「思いきって言って良かった」と笑顔で帰っていただけるようにするのが、営業マンの務めです。

嫌なことがあったときこそ、即対応。

このことが、わだかまりを残さない秘訣《ひけつ》です。そして誠心誠意、まごころをこめて接することで、その後のお客様との関係が、以前より強く、深いものになります。

会社が、お得意様を対象にしたアンケートを行なったとき、なぜわが社を選んだのかという質問に対して、「トラブルにすぐ対応してくれたから」と回答したお客様がいくつもありました。

とにかくトラブルが起きたら、ありがとうの気持ちですぐに対応することです。短時間で解決してしまうことで、自分の気持ちも即座に切り替えられ、次の行動に移せます。

「ぺんぺん草も生えない」の大嘘

営業マンの考え方について、実はみんなが大誤解している、ある真実をお話しします。

営業マン同士の会話の中で、「あの人が回ったあとは、ぺんぺん草も生えない」という言葉があります。

実力のある営業マンが丁寧《ていねい》に回ったあとは、何も残らない。ほかの者が回っても、ほとんど無駄で、契約など取れたものではない、という意味です。

現実に営業マンは、同僚でそんな人が回ったと聞くと、１０人が１０人、それではほかを回るしかないな、と同じ場所を避《さ》けるでしょう。

一見なるほどと思えそうな場面ですが、これは大きな間違いです。

どんなベテランの営業マンでも、たくさんのお客様を訪問する中で、１００％の人から契約を取ってくる人などいません。

かなりの高打率で契約を取ってきていたとしても、残りの「買わなかった人」がいるわけです。

その中には、「よく考えてみたらいい本あったな」とか「ホントはあの本、ちょっと気になったんだけどな」とか、「そういえばほしい本あったな、今思い出したよ」などと言う人がいます。

つまり「いらない」と言った人の潜在意識の中に、「本」というイメージが埋め込まれているのです。

また、買うと決めてからもじっくり考えたいタイプの人や、必ず家人に相談してから買う人など、お客様も様々です。

私はこれを畑にたとえて言うのですが、先に回ったその優秀な営業マンが、その土地を「耕して」くれているのです。草の生えた野原に、有能なお百姓さんがクワを入れて、土を軟らかくして、種をまいたら芽が出やすくしてくれているようなものです。

ですから「ぺんぺん草も生えない」は大嘘で、1回目の訪問で収穫《しゅうかく》がなくとも、2回目、3回目と回ったら刈り取れるようになっているのです。

事実、私が回った際「考えておきます」と言って、買わないけれどまんざらでもなさそうなお客様をいっぱい残していることが多いです。

そんなときは、「残してあるから、行ったら取れるよ」と後輩の営業マンに教えてあげるのですが、いくら勧めても誰も信じてくれません。

もったいない話です。

とくに私の場合は「見るだけ営業」で本を実際に見てもらっていることが多いですから、ビジュアルでもイメージが埋め込まれ、本に対するインセンティブ（動機づけ）は、なおのこと強く残っているはずです。

そして、そういうところを回るときのコツがまたあります。

「何度もおじゃまして申し訳ありません」

「弊社の社員がお伺いしたと思いますが、いい商品ですのでまた来さしていただきました」

「ちょうど通りかかりまして、お客様のことを思い出して、寄らせていただきました。ご迷惑だったでしょうか」

と、何度もおじゃますることをきちんと詫《わ》びてからお話を始めますと、お客様は意外と喜んでくださいます。

できる営業マンが回ったあとは、ぺんぺん草どころか、泉のように湧《わ》いて出るのがお客様なのです。

迷ったら「嫌なほう」を選ぶが勝ち

人間の習性として、苦労はできるだけ避《さ》けたい、苦労からは逃げたいと思うのは当たり前です。

ですが苦労は、実は逃げれば追ってくるものです。しかも逃げようとすればするほど苦労は増えます。これは紛《まぎ》れもない事実です。

ですから「苦労は追いかけてしまったほうが楽チン」、私はそう考えています。

京都は、市内全体に古い町並みが残っていますが、その中に「あのエリアは難しい」と言われる箇所がいくつかあります。

私が営業で良い成績を上げ続けるようになったころ、上司からたびたび難しい地域の販売担当になってほしい、と依頼されることがありました。

ふつうならば嫌だなあ、と思うでしょう。場合によっては「自分ばかり苦労させられて、公平ではないじゃないか」「好き好んで行きたくありません」と上司に言う人もいるでしょう。

また周りの人はそれで安堵《あんど》して、「ああ自分は楽なほうにつけて良かった」と思うかもしれません。

たしかに難しいエリアを受け持つことは、苦労があるかもしれませんが、むやみに避けて通ることもないと思います。

私ならば「わかりました。引き受けます」と返事をして、さっそく出かけて行きます。

なぜなら人が避けて通るところには、実は大きなお宝が眠っているのを知っているからです。

京都市内のその難しいエリアとは、古いお寺や大きな邸宅《ていたく》が集まっている、昔ながらの町並みが残る区画です。

そういう場所は、たとえばお寺の関連の建物が軒《のき》を連ねていたり、住宅を訪問してもお手伝いさんが出てきて断わられておしまいだったりと、本をお勧めしたい相手になかなかたどり着けないわけです。

そうするとふつうの営業マンはそういう箇所を飛ばして、合間にぽつぽつある、すぐに声をかけられそうなお宅だけを回って終わりにしてしまいます。その結果、あっという間に終わってしまって数字も上がらない、となるのです。

私は1軒も飛ばさない営業スタイルを貫いていましたから、どんなところでもおじゃまして、得意の「見るだけ営業」をして歩きます。

行きなれないお寺や邸宅も、何軒も回っていると、表玄関ではなく裏口から声をかければいいとか、お寺は午後に訪ねたほうがいいとか、いろいろと経験からの知恵が積まれます。

そして話し方も、どのように言えば交渉したい相手にたどり着けるかが、だんだんとわかってきます。

その結果、お寺の住職さんが買ってくださったり、お手伝いさんが「見てもらうだけと言っておりますが？」とお屋敷の奥のご主人さんに伝えてくれて「本なら買いましょう」ということになったりと、契約へと結びつくわけです。

こういうエリアはいわゆる「ほぐれていない地域」と言って、根気良く回れば、どんどんほぐれてきます。

事実、本の訪問販売を初めて知ったと言って喜んで買ってくださったり、大口の契約をしてくださる方が次々現われたりと、いいことがたくさん発掘できました。

ですから、人が避けて通るところほど、宝物が眠っているのです。

迷ったときは嫌なほうを選ぶ。このことは、第1に知恵が浮かびますし、第2に苦労を乗り越えたという自信と誇りがつきます。

この2つは、お金をどれだけ積んでも買えない、自分だけの力になります。

どうぞ率先《そっせん》して、自ら苦労を選んでください。営業マンとしてだけでなく、人生そのものが色濃く豊かになります。

京都の「堪忍《かんにん》」に学んだこと

1軒1軒の飛び込み営業をしていた中で、こんなことがありました。

京都は千年以上にわたり都のあったところ。あらゆる業種の老舗《しにせ》が多く軒を連ね、とくに町の中心部では長い伝統の中にのれんを守り続けているお店が多く見られます。

その界隈《かいわい》を訪問していたとき、お店の奥に、古めかしい、いかにも年代物というような屛風《びょうぶ》や掛け軸に、「堪忍」と書かれて飾《かざ》ってあるのをたびたび目にしました。

当時の私は、堪忍とは商人は辛抱《しんぼう》に辛抱を重ねて一人前になるという意味で、がんばってほしいとの願いを込めて書かれているものと理解していました。

ある日、親しくさせていただいているお客様に、

「堪忍とは、やはり商売はお互いつらいものがありますね」

とお話ししたところ、

「意味が違ってまっせ」

と言われました。そしてそのお店の方は私に、丁寧に説明をしてくださいました。

「堪忍」は、お客様の立場に立って商品をお勧めしたり、ときには相談を受けたりしたとき、たとえお客様の希望とずれがあったとしても、お客様の最終的なご満足を考えて商売を進める場合に使う言葉だというのです。

たとえば、母娘《おやこ》が着物のお店に来て、「予算は○○で、イメージは赤を基調にした柄《がら》の大きい振《ふ》り袖《そで》がほしいのですが、どんなものがありますか？」と尋ねられた

とします。

店の主人は何枚かの赤い色味の着物を出しますが、プロの目から見るとどうしても、この娘さんは色白で華奢《きゃしゃ》なので、赤より青い色合いの細かい柄のものが似合うと思いました。

そこで会話の中で上手に青い着物を勧めます。よしんば赤より青のほうが儲《もう》けが少ないとしても、このほうがいいと自信を持って言えるならば、そうしてベストなものを提案するのです。

最終的に店の主人の進める青い着物を購入することになったとき、お帰りの際に主人が、

「おおきに、堪忍どっせ、すんませんでしたなぁ」

と言うのです。

後日、娘さんは、この振り袖を着て出席したパーティーで、見る人会う人みんなから、「着物よくお似合いですね」「すばらしいお着物ですね」と口々に言われ、店の主人の言うことを聞いて良かったと実感することになります。

そして、これからはあの信用のおけるご主人の店で買い物をしよう、と心に決め、固定客になっていくのです。

ですから店の中に「堪忍」の言葉を掲げているということは、相手を慮《おもんばか》って、店の者としていいものを勧めます。ときにはご希望からはずれることもあるかもしれませんが、私はプロとして良いと思ったほうをはっきりと言いますので、それを堪忍してください、という意味なのです。

今の時代はお客様もドライになり、また少しでも安いほうに走る風潮が当たり前となり、お得感を求める人が多くなりました。

ですが今でも京都では、安い高いで選ぶのではなく、いいものを選びたい、という風潮があります。

そしてお客様自ら「私はあのお店が好きなんです」「あのご主人以外からは買いません」

という方が多くいます。

なかには、「先代が親切にしていただいたから、買い物はあの店の人と決めてます」という世代をまたいで長いおつきあいをされている方もおられます。

新規開拓の営業マンにとっては厳しい地域と言えますが、見方を変えれば、まごころを持ってお客様に接する商売をすれば、それに応《こた》えてくださるのもまた京都人だと思うのです。

この「堪忍」の極意《ごくい》は、時代を越えて人の心をゆさぶり、感動を呼ぶ、商売の神《しん》髄《ずい》と言えるのではないでしょうか。

京都の町をくまなく歩いて学んだ、京都だからこそ培《つちか》われた営業の心意気です。

お客様の立場にどれだけ立てるか

私の会社のすぐ近くに、小さいながら小綺麗《こぎれい》な喫茶店がありました。同僚が仕事の合間に、そこで雑談をしながら情報交換をする憩《いこ》いの場です。

楽ではない営業活動をする仲間同士が、腹を割って話をし合うこのひとときは、癒《いや》しにもなり、お互いの仕事に対する意欲を鼓舞《こぶ》するのにも役立っていました。

ある日のことです。その喫茶店で、見知らぬ青年が私に近づいてきて、「失礼ですが林さんですか」と言いました。そうですと答えると、

「私は呉服問屋に勤めている着物の営業マンの田中と申します。林さんのことを噂《うわさ》に聞いて、どうしてもお会いしたく、今日お待ちいたしておりました」

と言うのです。

どこでどんな噂を聞いたのか知りませんが、「どんなご用ですか?」とお尋ねす

ると、

「呉服を持って、毎日京都の町を中心に営業に歩いています。10年以上同じことの繰り返しをしていると、気持ちも萎《な》え、それに時代の流れも呉服離れを感じ、焦《あせ》りとストレスであっぷあっぷの状態です」

と言われるのです。聞けば成績は優秀なようで、お客様もたくさん持っていらっしゃるようなのです。

それなのになぜだろう、と思い聞いてみると、

「今までの倍近くの時間をかけ、気合いを入れてがんばっていますが、成績が横ばいで、どうしても数字を伸ばすことができません。林さんに何かいい知恵をいただきたいと、厚かましく今日ここへ来ました」

と言うのです。

同僚からアドバイスを求められることはありますが、業種の違う人からは初めてです。

ややとまどいましたが、営業の精神は同じですので、いろいろなお話をさせていただきました。

田中さんは感じのいい方で、挨拶もしっかりとでき、言葉遣《づか》いもはっきりしてい

る、申し分のない好青年です。

ですが、お話を伺いながら、この方は成績を上げるために目一杯の状態で、どうも心に余裕がないようだなと思いました。がんばっているその「目一杯」が災《わざわ》いしているのです。

一生懸命は決して悪いことではなく、むしろいいことですが、がむしゃらになりすぎるのはいい結果を招きません。

なぜかというと数字だけを追いかけるようでは、頭の中は成績のことでいっぱいになり、「お客様の立場に立つ」という大切な部分がおろそかになるからです。

田中さんは今まさにその状態で、せっかくの好青年が、魅力に欠けた営業マンになってしまっていると感じました。

私は言いました。

「田中さん、林に会った今日をきっかけに、生まれ変わってください。あなたは優秀な営業マンなのに、焦《あせ》りでその能力が発揮《はっき》できなくなっています。1度売上のグラフを頭からはずしてみましょう。そしてお客様のためにどれだけ親切にできるか、お客様の立場にどれだけなれたか、それだけを考えながら仕事をしてください」

田中さんは私の言葉を、真っ直ぐなまなざしで聞いていています。私は続けました。

「あなたが持っているお客様の家に、近くに来ましたから寄らせていただきました、いつもありがとうございます、と売らなくていいのでそれだけを言いに回ってください。絶対に売らないように」

するとと田中さんは、

「いろいろなお客様を合わせると、200軒ほどありますので、今日からそのような形で回らせていただきます」

と素直にお返事してくれました。

1時間少々の間でしたが、青年のその素直な人柄が気持ち良く、初めて会ったのになんだか弟のように愛《いと》おしく感じ、またお会いしましょうと別れました。

売らないように、と私は彼に伝えましたが、心の中では絶対に売れると確信していました。

営業マンは幸せを運ぶ配達人

半年も過ぎたころ、その青年が再び私を訪ねてきました。

顔には満面の笑みが浮かび、元気そうなその姿から、一目でいいことがあったとわかります。

「林さん、その節はありがとうございました。林さんに言われたような営業に切り替えました。そしたら胸のもやもやが吹っ切れて、苦しかった営業が楽しくなりました。成績も上がっています。本当にありがとうございます」

田中さんはそう言ってくれました。

話を聞くと、私に言われたとおりにお客様を訪問すると、お客様から「田中さん、ちょうど良かった、私の着ていた着物を洋服に作り直してくださるいいお店を知りませんか」と言われたそうです。

いつもならば商売と直接関係ないので知らないと答えるのですが、私の言葉を思い出して、

「わかりました、いいお店を探しておきましょう」と言ってお店を紹介し、大変喜んでいただいたと言います。

ほかにも「着物が汚れてしまったが、染《し》み抜《ぬ》きをしてくれる店を知りませんか」と尋ねられ、それまでは新しい着物を勧めて、売上が上がることのみを考えていたところを、染み抜きのお店を紹介したのです。

すると紹介だったことで格安にしてもらったと、お客様がたいそう喜ばれたのだそうです。

「気持ちのいいものですね、林さん」

田中さんはさらに興奮気味に話し続けます。

銀閣寺に近いお客様のところへ行ったとき、娘さんの振り袖を出してこられ、「先日のパーティーで汚してしまいました。目につくところですので、新しい振り袖をもう1枚と思うのですが、4、50万円くらいで見せていただけますか」と言われました。

汚れを見たところ、これは取れるなと思いました。大きな会社の社長さんのお宅ですのでお金のことは問題ないのですが、新しいものを売るべきか、染み抜きを勧めるべきか、迷ったそうなのです。

そのときに私の顔が浮かんで、思わず、

「お客様、こんなにいい振り袖を、ボツにしてしまってはもったいないですよ。私が知っているお店できれいにしていただきますので、預からせてください。その後にお考えになってはいかがでしょうか」

と口から出てしまったそうです。

その後、着物を預かり、新品同様にしてもらって持って行きました。すると奥様がたいそう喜ばれて、何度も頭を下げられ、恐縮して申し訳ないほどだったと言うのです。

「喜んでいただけて、本当に良かったね」と私が言うと、

「林さん、話はそこからなんです」

と言って身を乗り出して話されます。

その後、またそのお客様からお電話が入り、訪問すると、娘さんの結婚が決まり、着物をそろえたいと言うのです。

いつもならば大丸さんや高島屋さんに来てもらうのだが、先般あなたが帰られたあと、主人と娘と相談し、あなたの心が嬉《うれ》しかったので、結婚の折にそろえる着物はすべて田中さんにお願いしようと家族で決めた、と言われたそうなのです。

「林さん、嬉しくて嬉しくて、宙に舞うようでした」

田中さんは結局、春夏秋冬それぞれの着物と、留《と》め袖《そで》、訪問着に加え、着物1枚に帯3本と言われるようにたくさんの帯、長襦袢《ながじゅばん》から履《は》き物、バッグに至るまで、合計で800万円ほどのご注文をいただいたと言います。

これには私も驚きました。彼によるとほかにもこうした話があるようで、

「営業が本当に楽しくなりました。何より人の役に立っているという実感が、しびれるんです」

と嬉しそうです。いったん頭からはずしていた売上のグラフは、天井知らずに伸びたそうです。

私もこの話を聞きながら、「しびれる」ような感動を覚えました。

私の信念でもある「営業マンは幸せを運ぶ配達人」を、この好青年はこの半年間、実践し続けてくれていたのです。

人のために役に立てば、人が守ってくれる。これは人の世の法則です。

私は営業は「幸せの種まき」だと思っています。彼もまた、営業を通していい種をたくさんまき続ける1人になったのです。

第3話　営業マンが「やってはいけない」こと

「うっかり」を寄せ付けない

私がこれまでお伝えしているのは、テクニックではありません。それに対してあえて言うならば、私が提唱するのは「まごころの営業」です。

このまごころをしっかりと自分の中に持っていれば、どんな無理難解な状況でも、どんな絶体絶命の場面でも、自分の中に答えを見つけて解決することができます。

ですが、私もみなさんも人間ですから、ついうっかり、ということは毎日の営業人生の中にはあるものです。

その「ついうっかりやりかねないこと」は、あらかじめ意識して気をつけていれば、避けることができます。

大難を小難に、小難を無難にすることは、営業成績を上げるうえでは欠かせないことです。

第3話では、そんな営業マンが「やってはいけない」気をつけるべきいくつかの例をご紹介します。

私は後輩たちに「油断《ゆだん》するな」とよく言っていました。

周りの誰かに対して言っていますが、実は自分自身に言い聞かせてもいます。

たとえば契約のときによくある話ですが、家庭を回っていると、「メガネがどこへいったかわかりません。見えないので代わりに書いていただけますか」と言われることがあります。

営業を始めたばかりのころは、お客様のお願いですから、信用して代筆させていただきました。

しかしあとになって何か問題が起きるのは、得てしてこんな契約に多いのです。契約書を出してみると、お客様の字ではなく、自分の字でぞっとすることがありました。

このようなケースで、私も恥《は》ずかしながら、何度か痛い目にあっています。

こんなときは、「また出直してきますので、メガネを探しておいてください」「帰りにまた寄らせていただきます」と丁寧《ていねい》に申し上げて、いったん家を出ます。時間をおいても、契約が消えてしまうようなことはありません。

予期せぬことに遭遇しても、焦《あせ》らずに、落ち着いて、判断を誤らないようにするのも営業マンの仕事のうちです。

「うっかり」はいつでも自分の中に潜《ひそ》んでいます。そしてふとした瞬間にひょいと頭をもたげます。ですから常に意識して遠ざけていないといけません。

営業マンのしてはいけないことを、いつでも心得ておくことで、うっかりを遠ざけることができます。

作業着の男性が社長でまごつく

営業マンは清潔感を重視せよと、第1話でお伝えしました。

契約成功に導く勝負は、最初の1分です。第一印象で好感を持っていただくためには、やはり服装にも、自分なりに多少のお金をかけて、好印象を与える努力は必要です。

一張羅《いっちょうら》のよれよれのスーツだったり、季節感がてんで違っている服装だったりすると、相手に「この人大丈夫かしら」と始めから距離を置かれます。

そんな人は、勝負の1分に、始めから負けてかかるようなものです。

たとえ相手が初対面の人でも、自分の着ている服装に自信が持てたなら、気おくれせずにお話ができるというものです。

「自分は人前に出て恥《は》ずかしくない服装だ」

ぜひこう思えるような身なりを整えて、営業に繰り出していってください。

ですが一転、外に一歩出たならば、今度は逆です。

服装で人を判断することだけは、絶対にしてはいけません。

私の苦《にが》い経験に、こんなことがありました。

ある京都市内の染色会社で、全集セットの販売営業をしたときのことです。そこで美術の本や古典の復刻本など、高額商品の購入話が9割方まとまっていました。あとは社長さんの決済だけということになり、最後の印をいただきにその会社を訪問したときのことです。

いつもの部長さんとお会いしましたら、「お待ちしていました。それでは社長を紹介します」と社長室に通されました。しかし社長は不在でいらっしゃいませんでした。

すると玄関のほうから、作業着を着た細身の男性が入ってこられました。私はてっきり掃除を受け持つ業者さんか社員の方だと思い、気もそぞろで軽く会釈《えしゃく》をしました。

ところが部長さんが「こちらが社長です」とおっしゃるのです。

私は「あっ」と思いました。

会社の建物に入るとき、玄関前の溝《みぞ》を、汗《あせ》を拭《ふ》きながら掃除をしていた、まさにその人だったのです。

たしか玄関で、その作業をしていた男性は、私に向かって頭を下げました。ですが私は社屋の中のほうに気持ちが向かっていたせいか、きちんとご挨拶をしたかどうか、思い出そうとしてもその記憶がまるでないのです。

あわててその社長さんに頭を下げましたが、もううしろめたい気持ちでいっぱいです。どぎまぎしながら本の話に話題を持っていきますが、心は波打つばかりです。

おそらくその社長さんには私が、肩書きを知ったとたんにぺこぺこと頭を下げる、体《てい》のいい営業マンに映《うつ》ったと思います。

その後、契約の話は取りやめになってしまいました。

私の「うっかり」が営業マンとしての人間の浅さを露呈《ろてい》し、それを見て社長さんは、契約の気持ちが失《う》せたのでしょう。

それ以来私は、どんな方にもきちんとご挨拶をし、服装や見た目の印象、さらには役職や職業の種類で相手を決めつけてはいけない、と肝《きも》に銘《めい》じました。

どこへ訪問するときも、受付の方や、ご案内くださる方、お話をするお相手、その上司、社長さん、分《わ》け隔《へだ》てなく丁寧な挨拶をする。こうしたことをぜひ心がけてください。

それにしても、社長さん自ら溝掃除をされているのは、本当にすばらしいことです。

この尊敬すべき社長さんに、頭を下げられなかった自分が悔しく、今でもときどき思い出しては、自責の念にかられています。

ぺこぺこはいけない

営業マンがやってはいけない営業スタイルを挙げてみます。

「おどし営業」は言わずもがなですが、ほかにも「泣き営業」「ねずみ営業」「バッタ営業」などがあります。

おどし営業で大声で凄《すご》んだりすることは、この本をお読みいただいている中にはおられないと思いますが、「無いと困る」とお客様の不安をかき立てて売りつけるのもいけません。

よくあるのが「これがないと、○○になって大変なことになりますよ」というロジックです。これもおどし営業の1つと言えます。

販売をする際には、必ずお客様の幸せをつくるのだという気持ちで、「これがあるとあなたの暮らしが豊かになります」という勧め方をするべきです。

泣き落としも良くありません。「幸せを届ける」の理念に反します。

ねずみ営業は、営業で断わられ、帰ると見せかけて「そういえばお客さん、こういうのもあります」と新たな話を始める、出たり入ったりを繰り返す営業です。気持ちの良いものではありません。

多くの営業マンが陥《おちい》りがちなのが、バッタ営業です。

バッタのように、頭をぺこぺこ。買ってもらいたい一心でいると、ついそのようになってしまいます。

こんな体験をしたことがあります。伏見桃山のあたりを販売に回っていたとき、大判の漢和辞典に興味を持っておられるお客様に出会いました。

話はあれこれと聞いてくださるのですが、なかなか買うとおっしゃっていただけず、時間がたつにつれ、私は焦《あせ》りが出てきました。

月末で数字のことが頭に浮かんだ私は、どうしても契約をしていただきたいと思うあまり、いつしかお願いしますという形になっていました。

「お客様、なんとかお願いします、お願いします」

次第に私は、頭をぺこぺこ下げて、惨《みじ》めな様子《ようす》になっていきました。するとお客様が、

「3度回ってワンと鳴いたら契約しましょう」

とおっしゃったのです。

もちろんお断わりして帰らせていただいたのですが、こんな言葉を言わせてしまう展開にしたのは、私のほうからなのです。

営業マンの値打ちを自ら下げてしまった、明らかに自分が悪い一例です。

ぺこぺこという態度は、まず第1に自分で自分が嫌になります。またお客様からしても、そんな人間の勧める商品は、信用のおけるいい商品とは思えません。

営業マンは、お客様に対して、姿勢は低く丁寧に接するべきですが、心は高く持つべきです。

自信と誇りを持って、堂々とした心持ちでお客様と対峙《たいじ》する。しかしご挨拶は謙虚な姿勢を忘れない。これが営業マンのあるべき姿です。

「芯《しん》がしっかりして頼もしい」「信用がおける」「この営業マンは安心だ」「どうせ

買うならこの人から買おう」そんな気分になっていただけるような向き合い方を、どうぞ身につけてください。

値引きはすべての価値を下げる

もう1つやってはいけない営業が、京都のあたりでは「置きかん」と言いますが、いわゆる現金や物をこっそりお渡しすることです。

私は本の販売でしたから、値引きはいっさいできませんでした。ですから、まけてくれと言われても、それだけはできませんときっぱりとお断わりしました。

置きかんとは、そういうときに「契約書上は値引きできませんが……」と言って現金や物をこっそりお渡しすることで、その代わり契約してもらう、というものです。いわゆる賄賂《わいろ》です。

もちろんどこの会社でも、そうしたことをしてはいけない決まりですが、当時は五百円や千円といった金額で、そうした取引をしている営業マンがいたようです。

当たり前ですが、これは絶対にしてはいけません。それは決まりだからということももちろんありますが、商品の価値を下げていることにほかならないからです。

自信を持ってお勧めしている商品の価値を、自ら下げるような真似《まね》をする——そんな人は営業マン失格です。

限度を超えた値引きも、これと同じことが言えます。

現金は置いてこなくとも、「お客さんにあと○円まけたら買う、と言われてそうしてしまった」というような経験をした方はいませんか。おそらく少なからずいると思います。

これも営業マンとして良くない姿です。

お客様はこんなとき、「なんだ、まけられるじゃないか」と思います。そうすると「初めからそれだけの価値のものを、この営業マンは高く売ろうとしていたんだ」と見るわけです。

とたんにこの営業マンの信用はがた落ちです。

次に営業に行ったときにも、はなから「本当は安いものを高く売りつけようとしている」という目で見られます。そして「安くしてくれ、まけられるんだろ」と言ってきます。

営業マンがいくら「それはできません」と言っても、すでにその人の信用は失われています。こうして顧客を失っていくことにつながるのです。

限度を超えた値引きは、商品の価値を下げ、営業マンの信用を下げ、会社の信用も下げます。1つの商品には、それを作り上げるまでのたくさんの人の努力と思いが詰まっているのです。

値引きを求められたとしても、「それはできません」「これ以上はできません」とはっきりとお伝えする勇気を持ってください。

そのゆるぎない姿勢が、あなたの信用を高めます。

9勝1敗でも1勝9敗に負ける

私が独身時代、北海道に一人旅に出かけたときの話です。

洞爺湖《とうやこ》に近い豊浦《とようら》駅から、北端の稚内《わっかない》駅まで9時間かけて、宿の予約もなしの気ままな旅をしました。

稚内に到着し、駅に近いホテルを探しましたが、あたりは想像していたより閑散《かんさん》とし、人もまばらで1人取り残された感じで困惑しました。

ようやく古びた旅館を見つけ、泊まる算段がついたのですが、なんだか居心地《いごこち》が良くありません。言葉はぶっきらぼう、振る舞いもそっけなく、部屋も風呂も料理も、正直なところ合格点はつけられませんでした。

「はずれだったな」私はそう思いました。

そして翌朝になり、旅館をあとにしようとしたときです。脚立《きゃたつ》に乗って窓ふきをしていた割烹着《かっぽうぎ》姿の年配の方が、私を見るなり急いではしごから降りてきました。そして、わざわざ私の荷物を持って道まで一緒に出てくれて、「またおいでくださいませ」と見送ってくれたのです。

このことがとても印象に残り、私はこの宿に１つだけ好感を持って帰ってきました。１勝９敗と言ったところでしょうか。

その後年月が過ぎ、北陸のある有名な大きな温泉旅館に泊まりに行きました。玄関でのお出迎え、仲居《なかい》さん、部屋、風呂、料理とすべてが完璧《かんぺき》です。それは申し分のないもてなしで、私も羽を伸ばして満足感に浸《ひた》っていました。

翌朝、朝食も終わり、帰り支度をしてロビーに向かおうとした途中、私は廊下を間違えてロビーと反対方向に進んでしまいました。

迷っていたら、扉が開いた客室がガヤガヤするのです。なんだろうとのぞいたところ、仲居さんたちが煙いっぱいの部屋の中で、たばこを吸いながら大声でわいわいと話しています。

いけないことをしているわけではないのですが、正直なところ、あまりいい気分ではありませんでした。私の中では黒星が1つついて、9勝1敗の結果になってしまったのです。

この2つの出来事を比べたとき、当然、9勝1敗のほうに軍配《ぐんばい》が揚《あ》がると思われるでしょう。

ですが私がもう1度行きたいところを問われれば、1勝9敗の稚内のあの宿に行ってみたいのです。

言ってみれば稚内の宿は、古く素朴《そぼく》で正直なだけなのです。それでいて人の心をつかむ努力をしているその姿に、私は心惹《ひ》かれたのです。

正直さ、素朴さ、その人の持つそのままの姿は、人の心に何かを残す力があることを私は学びました。

また反対に北陸の例で、お客様の見ていないところの振る舞いにも気をつけなければいけないことも知りました。

私が見た中居さんたちの姿は、言うなれば人の裏表の「裏」の部分です。裏は隠そうとしても、どこかで誰かが見ているものです。

それ以来、町を歩いているときなどお客様の前にいるとき以外でも、「私はほるぷ出版の営業マン」と胸に刻んで毎日を過ごすようになりました。

誰かが見ていても、見ていなくても、人に見られて恥じ入るようなことはしないことです。

裏表なく毎日を生きることが、9勝1敗の負けを寄せ付けないコツなのだと思います。

自分で自分に負けた話

私の営業マンとしての経験の中にも、9勝1敗で負けてしまったことがあります。

2年ほど足繁《しげ》く通ったお客様が、初めて契約をしてくださる日、私は喜び勇んで訪問しました。

社長さんが手に印鑑《いんかん》を持って、押印《おういん》をしようというその直前に、ふと他社の営業マンのことを漏《も》らされました。その営業マンは私が訪れる前から出入りされていた方です。

この2年の間、その営業マンからはそれまでどおりに買っていただき、さらにわが社からもという形でお願いしてきました。私はその営業マンの存在を尊重していましたし、悪く言うこともありませんでした。

ところがその日は、朝礼で運悪くその営業マンの良くない噂《うわさ》を耳にしてしまったのです。私はそれを社長さんの前で、ぽろりと口にしてしまいました。すぐにしまったと思いましたが、出たものは消すことができません。

そのとたん、社長さんは顔色を変えられ、「君、人の悪いことは言ってはいけないよ」と言いながら印鑑を金庫に収めてしまいました。「また次の機会にしましょう」とその日は終わり、その後、何度足を運んでも契約をいただくことはできませんでした。

言えば当たり前のことですが、他社やほかの営業マンのことを、間違っても悪く言ってはいけません。他社をけなして契約は取れませんし、自分の値打ちを下げることは明らかです。

あの社長さんは、営業マンとしての林薫という人間を、信じてくださり、取引をしようとしてくださっていたのです。

それを私はこのことで、裏切ってしまいました。

その営業マンは、社長さんが選んだからこそ長年その会社を出入りされていたのです。その社長さんの選択を私は否定してしまったわけです。社長さんには、私がふだんから悪口を言う人間と映ったでしょう。たった1回だけのことでしたが、自分で自分を悪く印象づけてしまいました。

社長さんに本当に申し訳なく、思い出すだけで今でも恥ずかしい思いがします。

私の心のスキが黒星をつけてしまい、自分で自分に負けてしまった話をしました。

言葉はその人そのものを表わすことを、営業マンとして肝《きも》に銘《めい》じておきたいものです。

成功者のマネの落とし穴

私の友人で営業のスペシャリストがいます。

野球で言えばプロ野球選手と言えるくらいのスーパースペシャリストです。

成績では負けたことはありませんが、ふだんのつきあいの中で私はひそかに、その友人の持ち味の凄《すご》さを感じ取っていました。噂では彼は、お客様のところへ訪問して、たとえ初対面の人でも、ものの1、2分で家の中から笑い声が聞こえてくると言います。

あるとき、そのスーパースペシャリストの営業マンと街で出くわしました。私は興味がありましたので本当かどうか確かめたくて、彼に一緒について行くことにしました。

訪問中は外で待っていましたので、話の内容はよく聞こえませんが、たしかに噂どおり、数分でお客様の大きな笑い声が聞こえてきます。

正直なところ仰天しました。訪問する先のすべてと言っていいほど、お客様がみんな楽しそうに会話しているのです。そしてきっちりと契約をいただいてくるのです。

私はどうしたらそんなに人を楽しくさせることができるのか、尋ねてみました。するると、

「林さん、私はほめます。美しいですね、横顔がきれいです、目が素敵《すてき》です、とにかくほめることです」

と言います。ほめるところが無いときはどうするんですかと聞くと、

「生け花でも、飾ってある額でも、ペットの犬でも、とにかくほめるのです」

私は、まだ若くてなんでもチャレンジしてみたい年頃でしたから、さっそく彼の

販売を真似《まね》てみました。

お客様を訪問し、聞いたとおりにほめてみました。するとお客様は変な顔をされます。喜ばれるどころか相手にもされず、次も、その次も、追い返されてしまいます。何度繰り返しても、不快な思いをさせるだけで、契約などとんでもない話です。

ここで私は、ほめるという手法は、彼がやるから成功するのであって、自分が真似ても同じようにはいかないことがわかりました。

彼と私は個性が違うのです。お客様が十人十色ならば営業マンもまた同じ。自分のやり方、自分の個性、自分らしい営業を行なうのが一番いいのです。

あまたある営業指南書のテクニックに惑《まど》わされず、自分なりのやり方を、どうぞご自身の中から見つけてください。

第4話　信念が奇跡を生む

「あきらめない」を習慣にする

どんなベテランと言われる人でも、お断わりから始まるのが営業です。飛び込み営業の家庭訪問を例に取れば、ベテラン営業マンでもお断わりが30軒も続くと、顔が引きつってきます。それでもなんとか力を振り絞ってがんばりますが、50軒を超えると泣きたくなります。

肩を落として会社に帰ると、同僚の営業マンがみんな大きく見え始め、成績を上げる人が恨《うら》めしくさえ思ってくる。自分には能力がない、向いていない、という考えが頭をもたげ、心臓が鉛《なまり》のように重くなっていく。

このようなことは、これをお読みくださっている方々も、何度も経験しているのではないでしょうか。

しかし成績上位のベテラン営業マンはここからが違います。

まず、くじけそうでくじけないし、弱みは絶対に人には見せません。会社でも、心とは異なる余裕の姿をつくっています。そして月末の締めにはきっちり帳尻《ちょうじり》を合わせ、目標を達成しています。

ベテラン営業マンは、どうしてそんなことができるのでしょう。

京都に、高校野球で名のある龍谷大学付属平安高校があります。文武両道の私の大好きな学校の１つで、平成26（２０１４）年の春の選抜高校大会で全国優勝を果たしました。かつてその学校の職員室におじゃましたときのことです。

野球部を受け持つ先生が、私を呼んでくださいました。注文だと思いお伺いすると突然、

「君、甲子園で優勝するようなチームは、どんなチームだと思いますか」とおっしゃったのです。

私は意外な問いかけにとまどいながらも、少し考えて、「なんといっても練習量だと思います」と答えました。

「そうか。私もそのとおりだと思うが、それだけか？」

と言われるので、答えに困り、「ほかに何があるのでしょうか。体を鍛えて、効率のいい練習を人一倍することではないのですか」と答えました。するともう１度、

「そのとおりだと思うが、それだけか？」

とおっしゃるのです。私は降参して「何かあったら教えてください」とお願いし

ました。

すると先生は、力を込めてこう言われました。

「林君、君の言うことは間違いではない。そのとおりだと思う。しかし一番大切なことはね、絶対に日本一になるんだという信念なんだ。その信念が一番強いチームが、優勝旗を手にすることができるのです」

私は心に衝撃を覚え、全身に鳥肌が立ちました。

信念と情熱こそが、不可能を可能にする力を生み、他を圧倒する能力を備えることができる――野球部の先生の言葉は、私の魂《たましい》に響きました。

この言葉は、野球に限らず、どんなサラリーマンにも、経営者にも、すべてに通じる心のあり方だと思います。

営業の一流と言われる人は、絶対にくじけない、自分に負けないという信念を人一倍持っています。そして寝ても覚《さ》めても、ときには夢にまで、お客様のことを考えています。

営業に出るときも、なんとかなるという出方は決してしません。休息の時間を割《さ》いてでも、綿密な準備をして挑《いど》みますし、人が100軒回れば、自分は200、300と回ります。

成績でも、誰にも負けないという揺るぎない信念を持っています。そうした信念の強さと、それに向けた用意周到な行動が、結果に現われるのです。

ベテラン営業マンは誰でも、こうして人生の山場を1つひとつ越えてきています。

そして一番情熱を強く持っている人が、トップの座にいるのです。

もしあなたが、そんなあこがれの営業マンを目指したいならば、たとえどんな壁《かべ》にぶつかってもまずは、「あきらめない」ことから始めてください。

あなたは、あなたの「人生の映画」の主人公です。

映画の主人公には必ずピンチが訪れます。あなたにピンチが訪れることは、人生の中では当たり前のことなのです。何も起こらない人生を生きている人などいません。

ピンチのときにあきらめる映画の主人公はいるでしょうか?

そんな主人公はいません。

ピンチを乗り越えることこそが、自分の人生を生きることです。どうぞ決してあきらめずに前に進んでください。

「あきらめない」を習慣にする簡単な第一歩があります。

それは愚痴《ぐち》をこぼさないことです。

愚痴は口にすればするほど膨《ふく》らんで大きくなります。そして自分が前に進むのを知らず知らずに妨《さまた》げています。

あきらめないを習慣にするとは、愚痴を吐《は》かないで前に進むことです。たとえ愚痴が出かかっても、ぐっと飲み込むのです。

それができた人こそが、あきらめなかった人であり、成功を手にする人になります。

営業マンはなぜ必要か？

「人はなぜ商売をするのでしょう？」

「なぜ営業マンは存在するのでしょう？」

みなさんはこういうことを考えたことがあるでしょうか。

たとえ考えたことはなくとも、自分は必要とされているんだろうか、そう思い悩んでいる営業マンは少なからずいると思います。

なかには、営業マンは会社が品物を売って儲《もう》けるために必要な存在だ、という認識でおられる方もいらっしゃるかと思います。

初めの問いの正しい答えを申し上げます。

商売とは、そこにない品物を、それを必要とする人のところに持っていって、交換してさしあげることです。

世の中には、必要とする品物が手元になくて困っている人がいます。そのお困り事をお助けするのが商人です。

ですから商人は、１００パーセント喜ばれる存在です。

喜ばれるはずですし、また、喜ばれなければ商人の存在意義はありません。

しかし現実の身近な例を見てみると、お客様に喜ばれていない営業マンを、たびたびお見受けします。

あなたはお客様に喜ばれている存在ですか。今一度、自分を振り返って見つめてみてください。

次に、営業マンは、品物がほしいという人の、お役に立つために存在しています。

たとえば本ならば、自分に必要な本は全部持っています、という人はまずいません。

その人にとって、本当はあると、とても役立つに違いないけれどまだ出会っていない、という本はたくさん存在しているはずです。

そうした本を選んでお届けするから、営業マンは喜ばれるわけです。

営業マンに求められるのは、本がほしい、車がほしい、家がほしい、そういうお客様の要望に対して、最も適合したひと品をご提示することです。

営業マンががんばる意義とは、会社の儲けのためでもなく、営業マンの仕事の成績のためでもありません。

品物がほしいというお客様のお役に立つために、営業マンは存在しているのです。

「役に立ちたい」が人間力を高める

仕事とは、生きていくために、食べていくために、仕方なくするものだ。そう思っている人は多いかもしれません。

頼まれたからやる、言われたからやる、仕事だからやる、立場があるからやる、義務だからやる。

こうした「やる」は、はっきり言って疲れるものです。

このような仕事の中にいると、人間関係の悩みや仕事の行き詰まりが生まれ、上司が悪い、会社が悪い、社会が悪い、と責任転嫁が始まります。

それよりも、どんな場面でも「役に立ちたい」という思いから出発すると、なんでも楽にすいすい進みます。「お客様の役に立ちたい」「社会の役に立ちたい」と心持ちを切り替えただけで、そこには、ほっこりとした満足感が生まれるのです。

これがすなわち「使命感」です。

それは人を幸せにする役目を担《にな》いたいという、純粋な気持ちです。この使命感を持って仕事に挑めば、なんの迷いもなく、煩《わずら》わしいこともいっさいありません。

ですから営業マンの幸せとは、「お客様のためにお役に立ちたい」その一点だけを一生懸命追いかけることです。

この一点に集中することで、仕事からやりがいを得られ、充実感に満たされた毎日を送ることができます。

そしてこの情熱を持ち続けることが、営業マンとしての成功を手にする必要不可欠条件です。話術や販売のテクニックはいらない、私が申しているのはそういうことです。

反対に「言われたからやる」という気持ちは、使命感とは言えません。

ましてや、仕方ないからやる、頼まれたからやるような安易な気持ちでは、厳しい営業競争を勝ち抜くことはできません。

使命感を一番強く持っている人が、営業マンのトップの座に座ることができるのです。

さらに良いことに、「お客様の役に立ちたい」という、たぎる情熱を持って営業に挑むと、人は自ずと変わります。

まず第1に、笑顔が変わります。

第1話で、鏡を見て自分の笑顔を研究してみてくださいと申しました。作り笑顔がなかなか顔からはがれない、という方もいらしたのではないでしょうか。

笑顔には人間性がはっきりと出ます。心持ちが変わらないと笑顔は変えられません。

心持ちが変わると、笑顔が自然になります。さらに笑顔だけでなく、ふだんの表情が変わります。優《やさ》しさの感じられる、温かい表情になります。

第2に、挨拶の仕方が変わります。

同じ「ごめんください、本のご紹介に参りました」という一言でも、声の持つ響きや、言葉の持つ深み、言葉に温かさが生まれます。そして続く会話の中でも、言葉の1つひとつから、営業マンの気持ちが伝わってきます。

第3に、相手の立場に立ったものの考え方が、自然と身につきます。

仕事の現場では、効率良く進めたいという思いから、ついつい自分の都合で物事を考えがちです。ですが営業の現場ではことさら、お客様を主体に考えることが必要です。

役に立ちたいという気持ちを出発点にすると、いつでも考えの重心をお客様に持つことができます。そのことが、契約に結びつき、成績を伸ばしていくことにつながっていくのです。

この3つが身についたとき、営業マンとしての品格が備わり、人間性が高まるのです。

「できること」だけを考える

京都の長岡天神周辺は、竹林が広がり、料亭や大邸宅など名のある名家や旧家が並ぶ環境のいい地域です。

私はある日、その界隈《かいわい》にある、門構えの大きな大邸宅の呼び鈴を押しました。すると横のくぐり戸から、品のいい奥様が出て見えました。「本屋でございます。今日はＰＲの日ですので見るだけで結構です」と申しましたら、「見るだけでいいのですか」と言って中に案内してくださいました。

広い庭を通ってお屋敷の応接間に通されると、そこは20畳もあろうかという大きなお部屋でした。お話を伺っていると古典に興味がある方とわかり、古典の復刻版をお見せしたところ、何十万円もする高価な商品でしたが「これとこれをいただけますか」と契約してくださいました。

その後もときどきおじゃましましたが、そのつど、ご注文くださいました。

そんな折、私は東京本社の社長から直接電話をもらい、君を全国トップの表彰者に推薦《すいせん》すると知らされました。それは、ダイヤモンド会員といって、社ではこれまで3000人の中にたった1人しかいない、営業マンの最高の称号です。

ただし、この1年間の成績が落ち込まなければ、という条件です。私は千載一遇《せんさいいちぐう》のチャンスを逃してなるまいと、「死んでもやってやるぞ」と決意してがんばっていました。

しかし、残り3か月に差し掛かろうというとき、持病の痔《じ》が痛くなって動けないというアクシデントに見舞われたのです。

しばらく会社を休みましたが改善はせず、ついに入院して手術が必要になってしまいました。退院してようやく動けるようになったのは、締め切りを10日残すばかりでした。

もう無理だ、私の心の中で、その思いが渦巻いていました。無念で悔しくて、胸が張り裂けるようでした。気がついたら家のトイレの中で泣いていました。

それに妻が気づき、私に言いました。

「死んでもやってやると言ったじゃないですか。今のあなたは死ぬ気になっていない。10日しかないと言っているけれど、まだ10日もあるじゃないですか」

私はハンマーで頭を撃《う》たれ、目から火の出るような衝撃を受けました。妻から意見されたのは後にも先にもこのときが初めてでした。妻もつらかったのでしょう、廊下に出たら、目を真っ赤にして泣いていました。

それまでぐずぐずと泣くようにしていた私でしたが、妻の言葉に目が覚めました。

「10日もある。死んでもいい、やってやろう」

その時点でその月の成績はまだゼロです。私は手帳を1冊用意し、朝までかけて、過去のお客様、現在のお客様、この先見込みのあるお客様の整理をしました。やってみると、手帳に書ききれないほどのお客様の名前が出てきました。これには自分でも驚きました。

そしてこの手帳が、のちの営業活動にものすごく役立ちました。いの一番に名前が出たのは長岡天神のそばの、あの豪邸の奥様です。

次の日の朝、さっそくアポイントをいただくためにお電話をしました。事情を話すとご心配くださり、すぐに来てくださいと力強いお言葉をいただいたのです。

訪問するとその奥様は、高額な商品を便せんに書き出しておいてくださり、大きな金額の注文をしてくださいました。

それだけでなく、数名の方のご紹介もしてくださいました。訪問すると「あの方のご紹介なら」と、みなさまがたくさんの注文をくださるという、信じられないような展開でした。

その後も、徹夜でつくった手帳をもとに各方面を回り、ほかの営業先からもいくつもの注文をいただくことができました。

その結果、10日間で私は、ひと月の売上金額で全国1、2位を争う数字をたたき出したのです。

やり終えたときの充実感は、それまでの中で感じたことのないくらい満たされたものでした。

このときの経験で私は、営業マンにとって大切なことを学びました。

それは「10日もある」という考え方です。

泣いていた私は、1か月の3分の1しかない、と悪いほうにとらえ、だから「できない」と考えていました。

しかし妻のおかげで頭を切り換えることができ、10日あるこの時間をどう有効に使おうか、と「できること」を考えました。

こうして私は、全国の営業マンのトップの称号であるダイヤモンド会員に認定されました。これだけがんばれたことは、私の自信と誇りになり、その後の仕事のやりがいも増しました。

「やるだけやった」

そう言えるまでがんばってみると、それまでと違う世界が見えてきます。

どうぞ最後の1分1秒まで、自分ができることを探し出してください。

心が動くから感動の営業ができる

私が会社の営業マントップの表彰を受けに東京に出向いたときのことです。本社の部長が私のところに来て、「林さん、お願いがあります」と言いました。

何かと思って尋ねると、支社の1つに、成績の上がらない、どうしようもない営業部があり、その社員たちを表彰の会場に呼んでいるので、30分でいいので話をしてやってくれと言うのです。めっそうもないと遠慮したのですが、どうしてもと頼まれ、引き受けることにしました。

時間が限られている中で私は、こんな質問表を作成しました。

お客様が本を購入する場合、どんな営業マンを選ぶと思いますか。◯をつけてください。

1. 清潔感あふれる営業マン　　不潔でだらしない営業マン
2. 明るい営業マン　　暗い陰気な営業マン
3. 自信に満ちた営業マン　　自身のなさそうな営業マン

4.	成績優秀そうな営業マン	成績のだめそうな営業マン
5.	商品説明をはっきりする営業マン	だらだらと説明のはっきりしない営業マン
6.	格好よく凛《りん》としている営業マン	ぺこぺこヘコヘコしている営業マン
7.	会社と仕事の大好きな営業マン	会社と仕事に誇りを持てない営業マン
8.	だめはだめとはっきり言える営業マン	はっきりと言えない営業マン
9.	自信を持って商品を勧める営業マン	そんな商品を持っていない営業マン
10.	お客様の立場に立っている営業マン	自己中心的で勝手な営業マン
11.	お客様の話をよく聞く営業マン	聞かずにしゃべってばかりの営業マン
12.	親切で温かく仕事の速い営業マン	冷たく身勝手な営業マン
13.	熱心であきらめない営業マン	やる気なくすぐに投げ出す営業マン
14.	正直で信頼のおける営業マン	嘘《うそ》をつく信頼できない営業マン
15.	しっかり頭を下げてお願いできる営業マン	頭を下げない営業マン

私はこの質問表を人数分用意して、営業マンが待つ部屋に入っていきました。

部屋には30人ほどの若い営業マンが座っていました。

私の想像では、たった今表彰されたばかりの男が部屋に入ったら、よく来てくれたと拍手で迎えられるのかと思っていました。

しかし、支社長が1人で拍手をしながら私を席へ案内してくれただけで、みんな静まり返って歓迎の雰囲気もありません。

黙って座っている社員の姿は、正直なところ異様でした。心の動きが感じられないいのです。

「この営業マンたちは、日々の感動が足りていないな」

成績の上がらない原因が、理解できたような気がしました。

さっそく作成しておいた質問表を配り、記入して提出してくださいと言いました。

回収して用紙を見ると、全員がそろって全部上に○をしています。白紙の人もいなければ、下に○をつけた人もいません。私は即座に立ち上がって言いました。

「回答を見て感動しました。全員の方が上に○をつけてくださっています。みなさんはすばらしい。絶対に凄《すご》い営業マンになられます」

至極《しごく》もっともな質問に対して、きちんと答えてくれたことが嬉《うれ》しかったので、私はその気持ちを素直に伝えました。少し大げさに聞こえたかもしれませんが、私は本当に心を込めて、言葉を強めて、１人ひとりの目を見て訴えかけるように言ったのです。

すると目の前の営業マンたちに明らかに反応が表われました。
瞳《ひとみ》に気持ちが表われ始め、そして私に集中する人が出てきたのです。
私はこの瞬間、心の中で安堵《あんど》し、社員１人ひとりの心に、言葉を注ぎ込むような気持ちで話を始めました。

「お客様が購入するのは、商品だとみなさん思っているでしょうが、違います。お客様は人間を買っているのです。営業マンに惚《ほ》れ込んで、その人を買っているのです。このことだけはいつも胸の中に入れて、絶対に忘れないでください」

言葉はシンプルですが、私はこの１つひとつの言葉を口にするとき、営業現場で私の熱意に応《こた》えて契約をしてくださった、お客様の顔の１つひとつを思い出して言いました。

そしてその後、これまでこの本で紹介したような、自分が感動したエピソードを、感動の場面や私の気持ちがなるべく伝わるように努めながら、いくつかお話しました。

そして最後に、

「始めの15の質問は、気持ち1つで実現可能で、決して難しいものではありません。これが当たり前になってくると、お客様の評判が大きくアップします。明日からがんばってください」

と締めくくりました。終わって会場を出るとき、大きな拍手をもらいました。目の前のみんなの顔を見ると、瞳に輝きが生まれ、やる気にあふれています。

ひそかに「良かった、役目が果たせた」と思いました。

数か月後、その支社長から1通の手紙が届きました。私の話を聞いたあと、会社の雰囲気が一変し、活気が出て成績のグラフが劇的に上昇している、ということが書かれていました。支社長の喜びと感謝の言葉が綴《つづ》られていましたが、私も心から嬉しく思いました。

感動は「感じて動く」と書きますが、感動をつくるのは、伝える側の心です。きれいな花を見て感動したとします。何に感じ入ったのかというと、花が命いっぱいに色を輝かせて咲こうとしている、その姿です。

人に感動を伝えたいと思ったら、いかに自分が嬉しかったか、悲しかったか、心が打ち震えたのかを、自分の心の動いた瞬間の様子を思い浮かべながら伝えることです。

私はこれまで、世の中の人たちを本で幸せにしたいと、たくさんの人を訪ね歩いてきました。

「私の売る本は、お客様の暮らしを豊かにし、必ず幸せな人生につながる」その信念でいつも商品をお勧めしてきました。

そのとき、「この目の前のお客様は、何に感動してくださるだろう」と思ってお勧めする商品を考えます。

ですからお客様の話をよく聞いて、どんな仕事でどんな人生を歩んでこられたのか、何に興味があるのか、何を求めているのかをつぶさに観察し、その人の生活に潤《うるお》いをもたらす、そうした本を選《え》りすぐって勧めるわけです。

お伝えするときも、その商品の優《すぐ》れたところ、すばらしいところ、感動するところを、できる限り自分の言葉で表現して伝えます。

ときには、本にまったく興味のない人もいます。そんなとき私は、自分が読んで感動した本のことを話します。

私は民話がとても好きなのですが、義理人情にあふれ、人生訓を織り込んでいる民話の魅力をお伝えします。そうして自分が感動した経験を、言葉を尽くして伝えるのです。

そうすると、興味を示さなかったお客様でも、「いっぺん読んでみようかな」と買ってくださいます。

人の心とは、動いている相手の心に、響き合って動くものです。

ですから、あなたがもし、お客様の心を動かしたいと思ったら、あなた自身の心が動いていることが大切なのです。

成績の悪かった支社の営業マンたちは、日々の感動が薄かったため、お客様の心に思いを届けることができなかったのです。おそらく成績の悪さを、支社長や上司から叱《しか》られてますます心が固くなっていたのでしょう。

私の体験談を聞いたというほんのちょっとしたきっかけで、その心が動き始めたのです。そして感受性が豊かになっていったわけです。

その結果、お客様の心を動かす営業マンに、自ずと成長していったのです。

利他の心で生きる

営業回りで車を運転していたときのことです。踏切で遮断機《しゃだんき》が下がり、警報機が鳴り始めたので私は車を止めました。

ふと前を見ると、踏切の中で子どもが自転車の車輪を線路に挟《はさ》まれ、必死になってはずそうとしています。

とっさに車を飛び降りて、車輪を力任せに引き抜いてやり、子どもを線路の外へ押しやって、自分も即座に端《はし》に身を寄せました。とその瞬間に電車が、けたたましい音を立てて私たちのすぐそばを通り過ぎていきました。

私は危機一髪で、子どもの命を救ったのです。

最悪の事態を招きかねない状況に、私はしばし興奮気味で子どもに「大丈夫だったか？」と声をかけました。

しかし子どもはお礼の言葉もなく立ち上がり、自転車を押して人に紛《まぎ》れて行ってしまいました。

周りには大人たちもいて、おそらくこの状況を見ていただろうと思いますが、何事もなかったかのように往来しています。

私はなんだかむなしい気持ちになって、良いことをしたつもりなのに、爽快《そうかい》な気持ちになれませんでした。

仕事を終えて家に帰り、その話を女房にすると「人助けができて良かったですね」と目を潤《うる》ませながら喜んでくれました。

子どもがお礼もなくぷいと行ってしまったことを話すと、「お礼を言われるためにしたわけではないのだから、それでいいではありませんか」と言います。それを聞いても釈然《しゃくぜん》としない私に、妻はこう言ったのです。

「お礼を言われたら差し引きゼロになってしまうけれど、お礼も言われなかったら、良いことが丸々じゃないですか」

これには1本取られました。

いいことをして、お礼を言われなければ、丸々自分のもの。この考え方はいいなと素直に思い、同時に自分が憮然《ぶぜん》としていたことが、急に恥《は》ずかしくなりました。

たしかにとっさに動いた体は、その子どもを助けたい、悲しい結末にしてはいけないと思ってのことです。それを、礼も言わないと恨《うら》めしく思うとは、ずいぶん小さな人間だったと深く反省しました。

私は妻のこの言葉に救われました。そしてよく考えると、営業の仕事にも通じることに気がついたのです。

営業マンの仕事はもしかすると、お礼のない善行を積み重ねていくことなのかもしれません。

「ギブ・アンド・テイク」「ウィン・ウィンの関係」という言葉は、ずいぶんもてはやされました。

ビジネスの世界だけでなく、日常生活でもよく使われる言葉ですが、「良いことをしてやるから良いことをしてくれ」、あるいは「お互いにとって良いことがないと意味がない」という意味に私は受け止めています。

打算や欲、儲《もう》け第一で動くことが当たり前のようになってきた昨今、一方的に良いことをしようという人間は、おかしいと思われるのかもしれません。

しかし私は言いたいのです。

良いことをすると、何よりも、それをした自分の心が満たされます。

相手の幸せをただただ願って、ご満足いただける商品を選んで勧め、買っていただいてそのことに対してお礼を言う。この繰り返しこそが、もっとも幸せな営業マンの姿です。

自分の利益を第一に考えて売り歩く「利己のための利他」ではなく、相手の幸せのために生きる「利他のために自分を生きる」であってほしいのです。

ただひたすらにそれだけを思って日々を一生懸命生きていると、そのがんばりは誰かがどこかで見ていてくれたり、思わぬお返しがあったりと、何がしかの形で報われる日が必ず訪れます。もしそれがなければ、どこかに打算があるという証拠です。

「営業マンは幸せを運ぶ配達人」ということに気がついて、日々邁進《まいしん》してきた私の人生は、一点の曇《くも》りもなく万々歳《ばんばんざい》です。

この何にも代え難い充実感を、あなたにもぜひ味わってほしい、心からそう願います。

第5話　成功に導く営業の16か条

1. 教養を身につけること

営業活動とは、生身の人と人が相対して話を進めていく仕事ですので、よほど心しておかないと失敗します。

相手は簡単に断わればいいだけですし、それについての理由を説明などしてくれません。

営業マンはその商品について断わられたと思いがちですが、お客様はそれより前に、営業マンの言葉遣い、服装、人間性を素早くキャッチして、拒否している場合が多いのです。

お客様の心の向きをキャッチしてニーズをつかむことは、大変難しいことです。そこで営業マンには、教養が備わっていることが必要となるのです。

教養は人間性の幅を広げてくれます。様々なことに興味や関心を持ち続けることが、感受性を養ってくれるからです。

私はある人と社用で祇園《ぎおん》の近くを通りましたが、桜が満開で、ものの見事に咲いていました。その美しさに心奪われ、その日は一日、心が幸せな気持ちで満たされるほどでした。

ところが一緒にいたその人は、あとでそのことを話題にしたら「え、そうでしたか。気づきませんでした」と言われました。

桜は通り一面に満開に咲いていたのですが、その人の心には映っていなかったのです。目には見えていても、心の目に映っていなかったのでしょう。

お客様の家を訪ねたら美しい庭があったとします。営業マンの心にその庭が心から美しいと映ったとき、思わず「美しい庭ですね」と言ったとします。するとお客様は喜ばれて、石の説明をしたり、植木の説明をしたりされます。

しかし、もしその営業マンが、満開の桜も気づかないような人間であったとしたら、たとえ同じ言葉を言ったとしても、お客様は喜ばれるでしょうか。また、石や庭木の説明までするでしょうか。おそらくお世辞《せじ》くらいに受け取られて終わりでしょう。

ほめるときは心からの感動がないと、相手には伝わらないのです。人の心とはそれくらい微妙なものです。

私は未熟ですので教養を深めるために、絵画展や写真展によく行きますし、音楽会なども時折訪れます。妻とデパートへ行ったときなどは、最高級のものを見ます。スポーツも鑑賞しますし、歌舞伎や茶道や囲碁将棋といった様々なジャンルにも、日頃から興味を持つようにしています。

そうして絶えずアンテナを張って教養の幅を広げることを心がけています。そういうことを知らなければ、ありとあらゆるお客様の、幅広い関心に響き合うことができないからです。

まずは興味のある分野から、そしてさらに広い分野へと、関心の矛先《ほこさき》をいつでも広げておいてください。

2. 旬《しゅん》を逃《のが》すな

旬ということは、すなわち「一瞬の時」ということです。

食べ物の旬という言葉は、みなさんもよく耳にされると思います。茄子《なす》の旬、鮎《あゆ》の旬、松茸《まつたけ》の旬などと言いますね。

食べ物だけでなく、種まきの旬や稲刈りの旬もありますし、庭木にも枝落としなどの手入れの旬があります。

旬をはずすと、食べ物の味が落ちてしまったり、野菜の芽が出なかったり、木が枯れてしまったりします。

地球上のすべてのものに旬があると言っても過言ではありません。一瞬の時を逃してしまうことで、事が違うほうに転じてしまうことがあるのです。

人と人のつきあいの中にも、必ず旬（タイミング）があると思っています。

「今がその時」という一瞬です。

私は子どものころ、父に叱《しか》られて、ごめんなさいと謝《あやま》るそのときを逃してしまったがために、事が大きくなってしまったり、話がこじれてしまったりしたことが何度もありました。

それは大人になってからも続き、この謝るべき「その時」を逃したために、その後とてもつらい経験をしましたから、人に対しての「逃してはならない時」には、とても敏感になりました。

営業でお客様とお話をしているときも必ず「今がその時」という瞬間がありま す。

どんな会話の中にも「今だ！」というときが必ずあるものです。それをつかんで上手に話を運んでいくことが、契約に結びつきます。

あるとき、成績の上がらない若い営業マンについて行ったことがあります。家庭向けの本を持って、住宅を1軒1軒訪問するのですが、外で聞いていると、私が

「今だ！」と心で叫《さけ》んでいるときに、彼はのらりくらりと的外れな話をしています。そして相手の気持ちが引き始めてから「お願いします、お願いします」と始めるありさまです。

これではてんでお話になりません。

その後、彼には、お客様へのアプローチからセールストーク、クロージングの話を詳しくして、逃してはならないタイミングがあることを、しっかりと教え諭《さと》しました。

さらに大切なのが、切り上げる「見極め」です。1日中話をしてお勧めしても、買わない人は買ってくれません。時間を費やして買ってくれないときのショックも大きいので営業マンのためにもなりません。

会話の中のタイミングと見極めをしっかりとして、メリハリをつけて営業をする。それが旬を逃すなという意味です。

3. 幸せの種をまけ

営業マンはお客様に幸せをお届けする仕事、そんな社会の役割を私は「幸せの種まき」と呼んでいます。

生きとし生けるものは、初めは小さな種から始まり、やがて芽が出て、大きく育ち、花を咲かせます。

花だけでなく私たち人間も、人生の花を咲かせます。また私たちの生活の中で起こる様々な出来事も、同じように小さなきっかけから大きな感動を呼ぶ出来事へと発展していきます。

そんなきっかけづくりができる人に、あなたもなってほしいと思うのです。

ではどんな営業マンでもできる、「幸せの種まき」とはなんでしょう。

営業マンがどんなお客様に対しても実行できる一番小さな種まきは、お客様への気持ちの良い挨拶です。

丁寧《ていねい》に心を込めてしっかりとした挨拶をする。挨拶はお客様との心をつなぐ重要なきっかけづくりにつながります。

たとえ買っていただけなくても、さわやかな挨拶だけは残して帰る。お客様に対して、感じのいい挨拶をする営業マンだったな、そう思っていただけるように努力しましょう。

その次の種まきは、相手を気遣う言葉です。

お客様の立場から見ると、営業マンはほとんどが招かれざる客です。「お忙しいところ申し訳ありません」「お時間を取らせてすみません」そうした相手を気遣う言葉を添えながら話を進めましょう。

お客様に不快な思いをさせないことが、営業マンのエチケットです。

「今回は買わないけれど、何かの折にはお願いしようかしら」と名刺を保管していただけるような、そんな営業マンを目指してください。

種をまくのが本業のお百姓さんは、その時期を知っているものです。

種をまく時期、肥料を与える時期、害虫を駆除する時期、作物が実る時期。種はまいたら必ず収穫の時期が来ます。一番良く実る時期に合わせて効率良く種をまいています。

営業マンの幸せの種まきにも、必ず収穫の時期は訪れます。

なかには種をまいて、一生懸命水や肥料をあげ続けていたら、とんでもなく大きな収穫につながった、などということもあります。

「一粒万倍《いちりゅうまんばい》」という言葉をご存じでしょうか。一粒の籾《もみ》が万倍になって稲穂のようにたわわに実る、という意味です。

どうぞ営業の一粒万倍を目指してください。

4. 自分の心をコントロールする

営業活動は、毎日がゼロからの出発です。

契約が取れればその日は「がんばった、いい1日だった」と言えるでしょう。ですが必ずしもいい日ばかりではありません。

売上が上がらず、不安に駆《か》られ、胸が苦しくなることすらあります。

新人だろうがベテラン営業マンだろうが、条件は同じですし、凄腕《すごうで》と言われる人にも契約がなかなか成立しないことがあります。

しかしそれが営業マンの宿命で、それを乗り越えて前へ進まなければなりません。

そのときに、自分の心のコントロールが必要になるのです。

陥《おちい》りがちなのが、営業活動がうまくいかないと落ち込んで、表情が暗くなり、ますますお客様から遠ざけられる、という悪循環です。そうならないために自身を意識することが必要です。

まず考えてほしいことは、世の中には、営業マンがごまんといることです。

つまり同じ苦しみを抱えながらも、みんなそれぞれの持ち場で、歯を食いしばってがんばっているということです。

落ち込んで打ちひしがれるようなことがあったら、忙しくても時間を割《さ》いて、思い切って街に出てみましょう。

人の行き交う中に、あの人も営業マンかな、というような人がいるはずです。そうした人たちを、遠くから何とはなしに眺《なが》めてみてください。

たとえ声を掛け合うことはなくとも、彼らはあなたの同志。無言の中にも苦しみをお互いに分かち合える仲間です。

みんな涼《すず》しい顔をして歩いていても、背中にはいろんなものを背負い、胸にはあなたと同じ悩みを抱えているのです。顔では笑っていても、心では泣いているかもしれません。

それでもみんな、前に向かって歩いているはずです。そうした仲間がいることを忘れないでください。

この世で誰かにできることは、あなたにも必ずできます。ベテランならば、昨日までできたことが今日できないはずはないと、強い自負心を持ってください。

そうして、顔を上げて、前に向かって歩いて、1人でも多くのお客様に会うことです。

苦しい思いをしているあなたを、救ってくれるのはお客様でしかありません。お客様のために自分ができることは何か、という原点に今１度立ち戻って、次の１歩を踏み出してください。

5. 毎日何度でも鏡の前に立とう

私は今日まで、たくさんの営業マンにお会いしてきました。自動車の営業マン、保険の営業マン、住宅の営業マン、化粧品の営業マンなど、多くの営業マンにお会いした経験から、一目で成績の上がる人か、そうでない人かがわかるようになりました。

実際にその後にお話を伺うと、私の読みはほぼ当たっていることがわかります。絶対的に言えることは、売上を上げている営業マンは、服装が小綺麗《こぎれい》で、姿勢や言葉遣《づか》いがきちんとしていることです。

「ごめんください」の一言から始まる営業は、最初の１分で勝負が決まります。初めて会う人を見るのは、身なりと言葉遣いしかないのです。初対面のその瞬間はそれほど大切なものです。

決して高額なものを買う必要はありません。清潔感があり、落ち着いたものを選んで服装を整える。これは営業マンの最優先事項です。少し趣味に使うお金や、お酒を飲む回数を我慢してでも、自己投資だと思って買いそろえてください。

そして必ずしてほしいのが、毎日、何度でも、鏡に向かって自分と向き合うことです。

朝ならば、身支度をして家を出る前、鏡の前に立ちます。そしてそこに映った自分をよく見てください。

服装は清潔であるか、髪は整っているかはもちろんのこと、今日の自分は元気かどうか、そんな自己の内面ものぞいてください。

そして、笑いかけてみたり、話しかけてみたりしてください。

心穏やかでないときなどは、笑顔が引きつっている自分に気づくでしょう。

そんなときは息をいったん深く吐《は》きます。

不安な気持ちも一緒に吐ききるつもりで、これ以上吐けないというところまで息を吐いたら、自然と新しい空気が胸に入ってきます。

今度は大きくゆっくりと息を吸って胸を張って姿勢を整えます。それだけでも心持ちがずいぶん違ってきます。

鏡の自分に話しかけるのが照れくさければ、発声練習でもいいです。あいうえおを大きな声で唱《とな》えてみましょう。声を出すことで気合も入ります。

そうして朝の出勤前だけでなく、営業回りで会社を出るときなど、鏡の前に立ち、身なりを整え、心を整えた自分を見て「よし、今日の自分は大丈夫」と自分を確かめてから出かける。

これだけで、お客様の前に立ったとき、自信ある自分になれます。

6. 自分が社長だと思え

多くの営業マンは、会社に雇《やと》われた社員でしょう。固定給、歩合給、固定給と歩合給の合算など、様々な形で会社からお給料をいただいていると思います。

その報酬はどこからきているかというと、自分で売った商品の売上からです。

お給料をいただいて営業マンをしていると、「どんなにがんばって売上を上げても、儲けは全部会社のもので、自分にはほんのちょっとしかもらえていない」などという不満が出てくることがあります。

自分は会社のために働いている、社長のためにやっている、こうした考え方で仕事をしていると、うまくいかなかったときや給料を思うようにもらえなかったときに、会社や社長に対して不満を持つようになります。

こうなってしまうと、売上が上がったり、お客様との間に何か良いことが起きても、その喜びや誇りが薄らいでしまいます。

さらに卑屈《ひくつ》になって「どんなにがんばっても自分は社員だから、儲けは自分のものになりゃしない」、そんな考えが生まれると、喜びも他人事になってしまい、営業マンとしてのやりがいさえ持てません。

そんなときは、自分が社長になったつもりになって仕事をすることです。

私は営業マン人生の30年あまりの間をずっと、自分が社長だと勝手に思いながら仕事をしてきましたが、これが実に面白いのです。

もし実際に経営者だとしたら、事務所を借りて、机や電話やパソコンをそろえ、事務員を雇い、月々の資金繰りを考えながら経営をするという気苦労をたくさん抱えます。

しかし実際は社長ではありませんから、そんな気苦労はいっさいいりません。それでいて自分は社長になったつもりになって仕事をしていると、なんでも楽しくなってきます。

契約を取ってくれれば、書類は事務員が処理して計算してくれる、社内外の会計ごとは経理がしてくれる、お給料は総務が計算してくれる、すべてを指示管理しなくても自動的にみんなが仕事を進めてくれます。

自分は営業活動に全力投球してさえいれば、会社は滞《とどこお》りなく回ってくれるのです。

また営業の現場でも、自分が社長だと思えば自分が最高責任者ですから、お客様に不快な印象を与えてしまえば自分の顔に傷がつきます。不満を持たせてしまえば自分が損なのです。

すべての責任を自分で取る、その覚悟で挑《いど》みますから、ぶれがなくいい仕事ができます。

自分は会社そのものとして、お客様に接している。

そんな「責任と覚悟」が自然に芽生《めば》えます。

7. 親しき仲にも礼儀はある

まだ京都に来たばかりのころのことです。

お客様を訪問した際に話が長くなり、つい昼食の時間を過ぎてしまいました。すると奥様が「お茶漬けでもいかがですか」とおっしゃいます。

親しく思っていただけたのかと思い、遠慮しながらも結局ごちそうになって帰ったのですが、その後、そのお客様は態度がよそよそしくなり、しまいに縁《えん》が切れてしまいました。

京都でお茶漬けを勧められたら、それはそろそろ長くなってきたのでこのへんで切り上げませんか、という合図の言葉です。

これは京都人が長年培《つちか》ってきた、相手に嫌な気持ちをさせないための気遣いです。

「ああもうこんな時間になりました、ありがとうございます」と言って帰るのがその気持ちに対する応え方、ということを私は知らなかったのです。

こんなふうに、若いころには私も、世間の常識が身についていないがための失敗を、数多く経験しました。

そうならないためには、常に相手はお客様であるということを忘れないことです。

親しくしていただくお客様ができると、一緒に行楽《こうらく》に出かけたり、食事に誘われたりと家族でおつきあいする場面ができてきます。

大変いいことですが、そんなときにはつい日常のくだけた自分が表に出てきがちです。常に気遣いを怠《おこた》ってはいけません。

親しさのあまり、言葉遣いが雑になったり、失礼なことを言ってしまったりすると、お客様が持っていたそれまでのあなたへの信用を失いかねません。

おつきあいが深くなればなるほど「自分の人間性」が出てきます。

いつでも一線を引いて、どんなときでも相手がお客様だということを忘れず、丁寧な言葉を遣い、失礼のないよう態度に充分に気をつけましょう。

食事に誘われたとき、できれば外食のほうがいいと思います。

「いいものが手に入ったので家で一緒に」と言われ、1度は遠慮してもどうしてもと誘われたとします。

そういうときは、いただいたお料理に見合うかまたはそれ以上の手土産《てみやげ》を持参しましょう。そして後日必ずお礼状を書きます。

お会いすれば、必ずお礼の言葉を伝えましょう。

感謝に感謝でお応えする。そうした心の通い合いがさらに関係を強く結んでくれます。

どんなに親しくとも、礼節を持って態度に表わすことを忘れないでください。

8. 態度は低く、心は高く

営業の基本的な話の進め方は、アプローチ、プレゼンテーション、クロージングです。このどの段階を一番大切にするかと言えば、アプローチです。

営業マンは、お客様を訪ねると「まず相手に商品のことを説明しなければ」という気持ちになりがちです。

たしかに商品の説明を聞いていただかないと、契約には結びつきません。ですが商品の説明をすることが営業マンの一番の仕事ではありません。

そのような考えの営業マンが陥りやすいのが、気持ちが急《せ》いて、商品の説明を矢継ぎ早に進め、あとはお願いしますの繰り返し、という最悪のパターンです。

態度はペコペコへこへこになり、お客様の気持ちを察知する心の余裕もありません。案の定「結構です」と断わられて追い返されてしまいます。

自己主張ばかりで買ってくれの一点張り。営業で成績が伸びないのは、たいていがこういう営業マンです。たとえ商品がすばらしくても、こんな気持ちの小さな営業マンからは、お客様は買いたいとは思わないでしょう。

営業は、お客様のお役に立つことは何か、ということから出発することが大切ですから、まずはお客様のことを知り、感じ、受け止めることが必要です。

ですから一番大切なアプローチで、まずお客様に対し気持ちの面で対等に自分を置き、「私はお客様の要望を正面からしっかりと受け止められる営業マンですよ」というシグナルを発信するのです。

心は高く、強固に持ちながら、態度は低く丁寧な言葉で、「ごめんください」。この一言から始めます。

そして、「私は○○の営業で参りましたが、本日はPRで参りました。たとえばこんな商品がありますが、お客様はどんなことにご関心がありますか」と言って商品をお見せしながら、お客様の求めているものを会話や態度から察知していきます。

そしてプレゼンテーションで、お客様の心に響く商品を選んで勧めます。

このとき、アプローチで相手の要望や満足いただけるポイントを的確につかんでいれば、そこを具体的に説明すれば良いわけですから自信を持って勧められるはずです。

そして買っていただければ契約成功ですし、買っていただかなくてもクロージングでその場を気持ち良く閉じます。お客様は今は買わなくても、のちにほしくなるかもしれません。関係をつないでおけるそんなクロージングを心がけます。

相手を尊重しながらリードする、これが「態度は低く、心は高く」です。

9. 客を育てよ

私は、ある営業マンに出会うまでは、自動車にまったく興味を持っていませんでした。

新車を買えば10年は乗るというタイプで、少々汚れていても洗車することもなく、傷がついていても気にならない、まったく無精《ぶしょう》な男だったのです。

それが、ある青年と出会ってから、新車を買って2年とたたないうちに必ず買い替えるようになりました。新しい車が好きになってしまったのです。

「林さん、もう少し乗らないともったいないですよ」

とよく人に言われました。でも、もったいないどころか、新しい車を買うのが楽しく、乗りこなすのが楽しく、十分満足したら次の車を選ぶことが楽しくてしょうがないのです。妻は「ほかに道楽があるわけでもないので、車ぐらいはいいでしょう」と認めてくれています。

私が車を買うのはたった1人の営業マンからだけです。

彼は私よりも年齢はずいぶん下ですが、それはそれは元気のいい好青年で、彼がやって来ると心地良く時を共に過ごすことができ、帰ったあとも楽しかったなあと思える人物です。

いつも彼は、いかに自分の会社の車が好きか、乗っていて楽しいか、製品として優《すぐ》れているかを楽しそうに語ってくれます。その気持ちが私に伝染したのだと思います。

私は彼に出会ってから、車を大切に扱うようになりました。

性能のことも勉強して運転の技術も磨《みが》きましたし、洗車して常にきれいにしておくことも心がけるようになりました。

つまり私はこの1人の青年に、車好きに育てられたというわけなのです。

私は営業マンは、お客様をいい意味で「育てさせていただく役目を担《にな》っている」と思っています。

私は本のセールスマンでしたが、本を読む方も読まない方も、私がお勧めすることでお客様は必ず幸せになると信じていました。

本は、読めば読むほど、人生観が広がり、また深まるものです。ですから、たくさん読んでいただくことが、その人の幸せを高めると思い、どの方にも様々な本をお勧めしてきました。

ひと月に千円しか本を買わないお客様が、5千円、1万円と金額が増えることも、そのお客様を育てたことになります。また、1年に1回しか買わないお客様が3回、5回と回数が増えることも同様です。さらに、お客様が別のお客様をご紹介してくださることもまた、お客様を育てたことにつながります。

買う予定のなかった物を買ってくださる。これがすなわち「お客様を育てさせていただいた」ということになるのです。

10. 商品は「プロセス」で売れ

会社によって営業マンの販売する商品は違いますが、どんな場合でも、営業マンはその商品を、まずはよく知ることが大切です。

あるとき私は、夏目漱石《なつめそうせき》や森鷗外《もりおうがい》といった明治から大正、昭和初期の作家たちの復刻版セットを販売することになりました。

当時出版されたそのままの形を復元したものですから、高級和紙を使ったり、当時にしかない手間をかけた特殊な綴《と》じ方をほどこしたりと、いわば最高品質の本がつくられたわけです。

私はその本の内容はもちろんのこと、和紙がどこの産地のどんな名品と言われているものか、昔の職人の綴じ方はどういうもので、どこに価値があるのか、人に聞いたり調べたりしてその商品を研究しました。

インターネットの無い時代でしたから、それこそ資料を探して読んだり、詳しい人に聞きにいったりと手間と時間がかかりました。

ですがこの知識が、営業の大切な切り札となるのです。

商品を徹底的に分析する。さらに特徴や他社との違いを知り、品質的にどこがどんなふうに優れているのか、つぶさに学ぶ。

さらにその商品の開発過程における困難や壁を、作り手がどんなふうに乗り越えて完成したのか、その物語も知っておくことが必要です。

実はこの「商品が出来上がるまでのプロセス」が、何にも勝る「商品価値」そのものなのです。

商品を誰がどのように作ったのか、お客様は初めは何も知りません。目の前にある商品ただそれだけしか見えていません。

しかしそうした「プロセス」をお話しし始めると、目の前にある同じ商品が、どんどん素敵に見えてきます。そして話せば話すほど、お客様の目の色も変わってきます。

仮にすべてをお客様にお話しすることはなくても、知っているのと知らないのでは、営業マンが説明する際の言葉の持つ力や姿勢がまるで違ってきます。こうしたことをたくさん知っていればいるほど、営業マンは自信を持って勧められるのです。

また知識が豊富というだけで、それを全部ひけらかさずとも、営業マンはお客様に安心感を与えることができます。

完成した商品はあくまでも「結果」です。それだけで売ろうとせず、商品が出来上がるまでの「プロセス」で売るのです。

どうぞ自分の会社の商品のオタクになって、その商品をとことん知り尽くしてください。

11. 夢は大きく、目標は小さく

営業の仕事は数字との闘いであり、自分との闘いでもあります。

この闘いに勝つためには、目標を設定することがまず必要で、それを達成するための計画を立てずしては勝利を得ることはできません。

団体にしても、個人にしても、年間の目標、月の目標は必ず立てます。そして優秀な営業マンほどその計画は綿密です。

長い経験の中で一時期、掲げた目標を気にせず、見もせずに何か月か試《ため》したことがありますが、やはりその月は数字が落ち込みました。

「決めた目標を絶対にクリアしよう」この積み重ねが、数字を伸ばしていくのです。

さて、ここで1つ申し上げたいのが、夢と目標の違いです。私は夢と目標をはっきりと区別して考えています。

夢は大きければ大きいほど、いいと思います。

私の夢は、「日本一の営業マン」と言われるような人間になることでした。

それは数字の面だけでなく、人間性という意味においても一番を目指すということです。

夢は、いっぺんに到達し、つかむことができるものではありません。長い時間と辛苦《しんく》の汗の積み重ねによって成就《じょうじゅ》できるものだと思います。

では目標はどうでしょう。

誰もが高く大きいほうがいいに決まっていると思うでしょうが、私は違います。目標は、小さく低くていいのです。

目標は、いわば夢に向かっていく途中の「夢を叶《かな》える段階」なのです。ですから、目標は小さくても、低くてもいいのです。それを、1段1段とにかく登っていけばいいのです。

小さくとも目標を定めてそれを必ず完遂《かんすい》する。そしてまた新たな目標に取り組んでクリアする。この繰り返しを絶え間なく続けるのです。

この気の遠くなるような積み重ねが大事です。

これができると10年たち、20年たちして振り返ったときに、ああ、高いところまで来たなと実感することになります。

私が「ダイヤモンド会員」に表彰されたとき、「ああ、たどり着いた」と、なぜかとても謙虚《けんきょ》な気持ちに包まれました。小さな日々の目標が、自分をここまで導いてくれたのです。

小さな目標ゆえに、ただコツコツと自分と向き合ってきたことが、自分を驕《おご》らずにいさせてくれた。自分ではそのように思っています。

目標は小さく。これが夢を実現するコツです。

12. 逆境はライブを力に

私には、自分が逆境に負けないための、ある秘策があります。

それは、ラグビーの試合を見に行くことです。毎年暮れから正月にかけて、高校生や大学生のラグビーの大会が各地で開かれます。その試合を見るのが私の年末年始の楽しみです。

初めは妻を誘っていましたが、寒いからとつらそうにしているので、以来１人で試合を見に行くようになりました。その後、娘に子どもが生まれ、その子が幼くもラグビーを始めたため、のちに娘夫婦が一緒に行ってくれるようになりました。

ラグビーはボールを追いかけて若い闘志がぶつかり合います。

そんな若い人たちが必死になっている姿を見ていると、こちらもなんともたまらない気持ちになってくるのです。

さらに私は、必ず観覧席の前のほうで観戦することにしています。なぜかというと前のほうには、試合に出ている選手たちの親御《おやご》さんたちがたくさんおいでだからです。

声を張り上げながら、ときに泣きながら応援している姿を見ると、わが子への必死な思いが伝わってきます。また親御さんたちの会話を聞いていると、寮で夜中にこっそり起きて自主練している、というような話が漏《も》れ聞こえてきます。そんな背景にあるいろんなドラマが伝わってくると、何か自分の営業の苦労と重なってきます。

そしてじわじわと胸が熱くなり、自分もがんばらなければという闘志が湧《わ》いてくるのです。

私はこうしてラグビーの試合を見に行くことで、自分の活力を常に養い、逆境に負けない力を保っているのです。

営業活動の中で壁《かべ》にぶつかったとき、それに押しつぶされそうになっている自分は、たいていは心がかたくなになってしまっています。うちひしがれている自分を、自分で元気づけるというのは、そうたやすいことではありません。

そんな凝《こ》り固まった自分を動かしてくれるのは、ライブのエネルギーです。

それは、たとえば音楽好きの方ならば、部屋にこもってCDばかり聴くのではなく、コンサートに行って生の演奏を聴くことです。

また絵画などの美術品や文化財を本で見るのではなく、実際に美術館や博物館を訪れることです。

さらにパソコンやスマートフォンでインターネットに明け暮れるのをやめて、実際に人に会ったり、何かを体験しに行ったりすることです。

ライブのエネルギーに満ちあふれているところを自ら訪れて、そのエネルギーを感じてみましょう。自分の中にまた新たな力が、自然と湧いてきます。

13.「男は度胸」で行け

たとえば子どもの自転車などが置いてある若いご夫婦のご家庭と、立派な門構えで敷地の広い大邸宅の前に立ったときとでは、心理状態が違うという人は少なくないと思います。

多くの営業マンは、大きな立派な家や巨大ビルを持つ大企業の事業所などに伺わなければならないとき、門や入り口に立った時点で気が引けてしまっていることが多いのではないでしょうか。

しかしそれは、すでに気持ちの面で負けていると言えます。

何に負けているのかと言えば、自分でつくり上げた思考の中で、自分の妄想《もうそう》に負けているのです。

まだお会いしてもいないのに、建物の見栄えに相手を重ね、それに比べて自分は小さいと決めつけているに過ぎません。

どんな大きな家に住もうが、どんな大きなビルにある会社だろうが、そこにいるのは自分と同じ人間です。

臆《おく》することも遠慮することもありません。自分が自信を持って勧められる商品を、堂々とお売りすればよいのです。

またどんな場所でも思い切って挑みましょう。

あるとき私は、同業者でまだ誰も開拓していない保育園に飛び込みました。

保育園の先生は始終子どもたちに囲まれて、息つく暇《ひま》もなく忙しくしておられます。子どもたちのことでみんな精一杯で、本のことなど話しかけられる隙《すき》はありません。

それでもご様子を伺っているうちに、先生に話しかけられる絶好のチャンスを見つけたのです。

それは子どもたちの昼寝の時間。

先生方は寝ている子どもを見守りながら、静かに座っておられます。

そこに本のパンフレットを持っていって、子どもを起こさないように気をつけながら、耳元で小さな声で本の説明をして回りました。

先生方はみなさん、寝ている子どもたちに囲まれながら、じっとそのパンフレットをご覧になってくださいました。

この方法で私は新規の市場を開拓することができました。

そんなふうに、超えてみると壁は低かった、ということは往々《おうおう》にしてあります。

あんな人は自分からは買ってくれないんじゃないか、こんなところは無理じゃないか、などと自分の勝手な思い込みは今日から捨て、度胸で新規開拓しましょう。

14.「女は愛嬌」が共感を呼ぶ

今この本をお読みくださっているあなたが女性ならば、営業マンとしてはそれだけで大変有利です。

私は常々、女性の営業マンを、とてもうらやましく思っていました。

なぜかと言うと、まず第1に女性の営業マンは、初対面の相手に警戒されることがありません。呼《よ》び鈴《りん》を押しても怪《あや》しまれないのです。

契約に結びつくかどうかは初めの1分で決まると申し上げましたが、女性であることだけでこの点をやすやすとクリアできます。

また、女性は話題が豊富です。男同士は、話が何かと論理で展開されがちですが、女性同士は話が共感の中で展開されていきます。

女性は共感するのがとても上手です。男の私は相手が思っていることが自分とまるで違うと、本心ではないのでなかなか同意しにくいところがあります。

しかし女性は、相手と自分の共通点を見いだすのが得意ですので、そうした話題から共感を導くことに長《た》けています。

「共感能力」と私は呼んでいます。

この能力が、圧倒的に女性のほうが高いのです。

お客様は、共感していただくことで安心感を持ち、こちら側にも興味を持ってくださいます。そういう流れを女性営業マンが上手につくっているのを何度も見かけました。

女性営業マンは、外の営業回りから社に帰ったあとも、社内の人にお茶を入れたり片付けごとをしたりと、男性よりも何かと気を遣《つか》うことも多いかと思います。

しかし、そうした細やかな気配りを日々されているからこそ、訪問先で帰り際に、出されたお茶をさりげなく端《はし》に寄せたり、ご馳走《ちそう》になったお菓子のゴミを片付けたりできるのです。

そういう細かな点を、お客様はしっかりとご覧になっています。そしてその営業マンの人間性として評価しています。

ですから、これはあくまでも男性である私の考えですが、女性はやはり女性らしさを持って営業に挑まれたほうがいいように思います。

周囲の女性営業マンを見ていると、なかには女性が男性のような振る舞いで張り切る場面を見かけますが、どうも張り切るほどにうまくいっていないようにお見受けします。

どうぞ女性営業マンのみなさんは、男性を真似《まね》て男勝りを極めようとするよりも、女性ならではの愛嬌と笑顔でお客様に接してください。

そのほうがきっと、良い成績につながるものと思います。

15. 聞き上手を極めよ

これまで聞き上手になることが大切と、何度もお伝えしてきました。

あなたは1時間の時間をいただいたら、お客様のお話をどれくらい聞きますか。

そして商品の説明をどれくらいの時間をかけてするでしょうか。

営業マンの中には、自分がどれほど微《び》に入《い》り細《さい》にわたって商品を説明できたか、どれだけの時間をかけてお客様に話を聞いてもらえたか、に重点を置いている人がいます。

私はそんなことは、いっさい気にしたことがありません。

1時間という時間をお客様にいただいたなら、私はお客様のお話を59分間聞きます。

そして自分からお話しするのは、最後の1分です。

それでも商品は売れていきます。

なぜそこまで聞くかというと、その59分間の中でお客様のリサーチができるからです。

営業マンは自分の頭の中で、販売戦略を想定します。

この「想定」がくせ者です。

そもそも営業マンが販売の現場で、お客様に向けて話すことはすべて「想定」の範囲内のことです。お客様の話を聞かずして、この枠《わく》の外には出られません。

想定にない「想定外」を引き出すことが、この「聞いてリサーチ」なのです。

一見ふつうの主婦に見えた方が、長い時間お話を聞くうちに絵の個展を開いていらっしゃることを遠慮がちに口にされ、最後に美術全集をお勧めしたら買ってくださった、などというのがその例です。

この想定外こそが、成績を大きく伸ばしてくれる、重要なポイントなのです。

さらに、聞き上手を目指すとき、もう1つ、営業マンがついやってしまう、絶対にしてはいけないことがあります。

それは、お客様が話しているときに、自分が次に何を話そうかと考えることです。

目では真剣にお客様を見つめていても、頭の中は「お客さんがこう言っているから、次にこのことを話そう」とか「この話題が出たからこんな説明の仕方をしたらどうか」などと、売らんかなの気持ちでいっぱいになっている。

あなたも身に覚えはありませんか。

お客様はそんなあなたを見抜いています。そしてそこに共感は生まれません。

話を聞くときには、とにかく頭を真っ白にして聞くことです。

想定の枠も、思い込みも、すべて取り払って、お客様の話だけをまっすぐに聞く。

そうすると、販売のアイディアが、面白いように自《おの》ずと湧《わ》いてきますよ。

16. 勝ち癖《ぐせ》をつける

どこの会社にも、営業マンの成績が比べられるグラフがあると思います。

このグラフを気をつけて見ていると、1位や2位というトップに入る人と、ビリのあたりをうろうろする人は、だいたい、いつの月も同じ顔ぶれです。

これは子どものころにも経験したことはありませんか。

学校の成績で、トップの座はいつも同じ生徒で争われ、ビリになる人もいつも決まっています。

こんなときビリになる人は、「負け癖」がついた人です。ビリになってしまう人は、こんなに勉強したのにビリになってしまった、という人はまずもっていません。初めから「どうせ無理だから」「がんばっても人に勝てっこない」と自分で思って勉強しないからビリになるのです。

これが負け癖です。厳しい言い方になりますが、できないのではなく、やらないのです。

営業の現場でも同じことが当てはまります。

この「勝ち癖」と「負け癖」を数値で表わすと、意外とその差は大きくありません。

今の自分を「50」とします。勝ち癖のある人は、「50」を「51」にしようとします。今の自分よりほんの少し高い自分を目指して、それを達成しているのです。

しかし、それを毎日、毎月、そして何年もの間にわたってやり続けることで、達成できることが大きくなります。

反対に「負け癖」のついている人は、今の「50」に対して、ほんの小さな負けを自分に許すことによって「49」になります。

しかし、この小さな負けが何年も積み重なると、這《は》い上がるのが難しい負けにまで落ち込んでしまうのです。

野球に置き換えて考えてみましょう。プロの世界で何億円もの契約をもらっている打者は3割以上の選手です。

それに比べて2割打者ではそのような契約はできません。そもそもプロで通用しません。

その差は10球中の、たった1球の違いです。

10球ボールが飛んできて、3球打てるか、2球しか打てないか。この1球の差の積み重ねが、その後の道を大きく分けるのです。

人生には必ず「ふんばりどころ」があります。どうかそのふんばりどころで、逃げずに立ち向かって「負け癖」を「勝ち癖」に変えてください。

ここまでお読みくださったあなたならば、必ずできると確信しています。

おわりに

この本を最後までお読みくださってありがとうございます。

私は不器用な人間です。それでもコツコツとまじめに取り組んできました。その30数年間の思いを、1人でも多くの悩める営業マンにお伝えしたい一心で、この本を綴《つづ》らせていただきました。

どんなにつらく苦しい日々に直面していたとしても、営業マンは社会に必要とされている人材です。

たとえ会社や生産者がどんなにすばらしい商品を生み出しても、営業マンがいなければ商品は売れないからです。そのことを忘れることなく、今の仕事に打ち込んでください。

時代は情報化が進み、インターネットが普及する中で、根気や努力を必要とする営業マンの仕事は、その意義を失いかねない現状を見聞きします。

洋服や、自動車、果ては家までインターネットで買える時代ですが、ネット販売は価格だけで勝負していると私は思います。ですから商品販売は価格で勝負しようという営業マンは、こうしたシステムと競い合うことになるわけです。

それよりも、人間として、営業マンとして、心の通った、ぬくもりのある営業を目指したいと思いませんか。

私は、人と相対して、説明を聞いて、納得して買いたいお客様は、世の中にまだまだたくさんいらっしゃると思うのです。

そうしたお客様を見つけ出し、お困り事にお応《こた》えする、それが今の営業マンに求められているのではないでしょうか。

心の通わない買い物は、私は満足度が低いと思います。

商品がいかに暮らしを豊かにするか、そのことを営業マンが感動を持って伝えるからこそ、お客様もまた心豊かになり満足してくださると思うのです。

営業マン不遇《ふぐう》の時代と言われますが、この世にはあなたを必要としているお客様が必ずいます。どうぞあきらめずに、自信を持って、営業の仕事に邁進《まいしん》してくださ い。

そのときに、ここに記《しる》してきたことがお役に立てば幸いです。

ところで、過去に出版した本をご覧くださった方や、講演をお聞きくださった方から「その後、奥様はどうされましたか?」「お父様との確執《かくしつ》はどうなりましたか?」とたびたびご質問を頂戴しますので、この場を借りて少しご報告させていただきます。

京都に出てきた当時の妻は、血圧が異常に低く体力も落ち、立っているのもやっとの状態で、1歳の末娘がせめて3歳になるまでは命がありますようにと祈るように暮らしていました。しかしその後、子どもたちの手が次第にかからなくなるにつれ、体調も少しずつ回復し、奇跡的に元気を取り戻しました。

そしてかねてより心得のあった書道の通信教育を受け、実力をつけたあとは名のある先生のもとに通い、書を教える資格を取得して書道教室を開きました。

年を重ねるにつれ教室も京都市内に数か所に増え、親御《おやご》さんが自分のお子さんを連れて入会しに来られるまでになりました。これまで教えた生徒は、優《ゆう》に千人を超えると思います。

また老人施設で高齢者のみなさまに書道でご奉仕させていただく機会にも恵まれ、この活動も20年近く続けてまいりました。この活動については京都市の社会福祉協議会長より感謝状をいただき、よそ者だった私たち家族が京都市民としてみなさまのお役に立てたような気持ちになり、万感《ばんかん》の思いでした。

また先般は、ノーベル賞受賞者の山中伸弥《やまなかしんや》先生の事務所から、先生からお出しする感謝状の筆耕《ひっこう》の依頼を受け、夢のようなお仕事の依頼に感無量でした。

命すら危うかった妻がここまで来ることができたと思うと感慨もひとしおです。現在は教室の顧問となり、薫会書道会として末の娘が跡《あと》を継《つ》いでくれています。

3人の息子もそれぞれ自立して暮らしています。長男は会社勤めをしながら自分の特技を生かして成功しています。次男、三男は2人で事業を起こして従業員70名ほどまでに会社を育て、社長と専務の絶妙のコンビネーションでがんばっています。それぞれ苦労しながら自分の人生を自力で切り開いています。

父は平成19（2007）年に96歳で亡くなりましたが、私たちは最終的には和解し、感謝の思いで見送りました。

父は名古屋で、市議会議員を4期務《つと》めた人でした。議員としての大仕事は、第二次世界大戦で焼失した名古屋のシンボル、名古屋城の再建でした。城の頂点に掲げられている金のしゃちほこの中には、父の名前が代表者として刻《きざ》まれています。

私は大学在学中より、父の代役としてどんなところにも出向き、父の補佐をしていました。当時の私は父を、なんて身勝手な人なんだろうと思っていました。

たとえば誰かの結婚式に代理で出席すれば、聞いていないのに祝辞の挨拶で指名されます。帰ったあと、なぜあらかじめ言ってくれないのかと問い詰めると「どんな時だろうと、どんな場所だろうと、人前で話せる人間でなければならぬのだ」と叱責《しっせき》されるばかりです。そんな父を私はいつも恨《うら》んでいました。

そして親心を汲《く》み取れなかった私は、あるとき父のきつい言葉をきっかけに父と離れる決意をし、名古屋を去って京都に移り住んだのです。

あとになって思えば、父は私が物事に動じない人物になるように経験を積ませてくれていたのですが、私はそのことを京都で1人で苦労を重ねるようになって初めて気がつき、そして改めて父の偉大さを感じたのでした。

どんな場所でも、どんなお相手でも、気おくれせずに自分をしっかり持って営業活動に挑《いど》めたのは、実はこうして父が私を男として育ててくれてきたおかげだったのです。

時がたち、私が営業マンとして人様に一人前と認めていただけるようになったころ、初めて大手新聞社主催の営業マン向けの講演の依頼をいただきました。

講師のお役目を無事終えて、私は真っ先に父に報告に行きました。

そのとき父は、このことを涙を流して喜んでくれました。

私はそこで初めて、聞き分けのなかった若かりし自分、親孝行のできなかった自分のよろいを脱《ぬ》ぎ、心の底から父に感謝することができました。

そんな感謝の気持ちが湧《わ》いてきたとき、私は本当の幸福感に満たされました。

そして気がついたのです。父へのわだかまりが、自分の営業活動を苦しいものにしていた一要因だったことを。

父との和解を経て、私は本当の意味で、堂々と胸を張って、営業マンとしての道を歩むことができるようになりました。また同僚やお客様、そのほか周りの人たちに対して、心から感謝したり、役に立ちたいと尽くしたり、すべての行動に対して自分の本心で取り組むことができるようになったのです。私を癒《いや》してくれた父に、改めて感謝しました。

今でも亡き父には、感謝の思いでいっぱいです。

もしかするとあなたの営業活動がうまくいかない要因は、ご自身の家族関係にあるかもしれません。

家に帰って女房の話をじっくり聞いてやる、両親に優《やさ》しくしてあげる、ふだん照れくさくてできないことも思い切ってしてみると、意外と仕事もスムーズに流れていくかもしれません。仕事の悩みに陥《おちい》っている方は、今一度、家族と向き合ってみることをお勧めいたします。

人は人の役に立つことこそが、本当の喜びです。

営業マンとして仕事をしてきて楽しかった、本当に幸せだった、ぜひそう思える人生を、みなさまにも歩んでいただきたいと心から願ってやみません。

最後になりますが、日頃から私を支えてくださっている先輩や友人始め出版にご協力いただいたみなさま、そして妻と子どもと亡き父に、この場を借りて感謝を伝えます。

そして縁《えん》あってこの本を手に取ってくださったみなさまに、心よりお礼を申し上げると共に、今後のご活躍とご発展をお祈りしながらペンをおきます。

林　薫

平成29年9月

［著者紹介］
林　薫（はやし・かおる）
1939年愛知県に生まれる。愛知大学在学中、劇団に所属し演出及び話し方を学ぶ。名古屋で市議会議員をしていた父の手伝いをしていたが不仲になり、31歳の時、妻と4人の子どもを連れ、裸一貫で京都に移転し野宿生活を始める。極貧生活の中、㈱ほるぷに入社、すぐに営業マンとしての頭角を現わし、全国3,000名のプロ営業マンのトップであるダイヤモンド会員の表彰を受けマスコミの注目を集める。その驚異的軌跡は読売新聞大阪本社社内報に連載され大絶賛を浴びた（2003年8月～2004年7月まで連載）。妻照子（朱門）と共に書道団体「薫会」を設立、社会奉仕活動を讃えられ京都市長から2回、京都市教育委員会から4回、感謝状を授かる。特定非営利活動法人「文化芸術伝承協会」理事、ハヤシ人材教育研究所（無料相談室）所長、（資）薫会代表を務めながら、講演活動など全国的に活躍中。人材教育アドバイザー。
主な著書　「『人間力』で道を拓く」知道出版
「逆境を拓く」三想社
「営業日本一の体験とコツ」文芸社ほか。
〒607-8301　京都府京都市山科区西野山百々町163-1
info@kaorukai.com

営業は「幸せの種まき」

二〇一七年一一月二七日　第一刷

著　者　**林　薫**
発行者　**山下隆夫**
企画・編集　株式会社　**ザ・ブック**
東京都新宿区若宮町二九　若宮ハウス二〇三
電話（〇三）三二六六－〇二六三

発　行　**太陽出版**
東京都文京区本郷四－一－一四
TEL（〇三）三八一四－〇四七一
FAX（〇三）三八一四－二三六六

印刷・製本　株式会社　公栄社

ISBN 978－4－88469－921－5